우리에겐
기억할 것이
있다

우리에겐 기억할 것이 있다

박래군 지음

머리말: 역사의 현장에서 사람을 생각하다　　**6**

학살과 해원의 섬　　**13**
제주 4·3 현장

전쟁을 기억하는 방식　　**51**
전쟁기념관

외딴섬에 살았던 사람들　　**77**
소록도

처벌받지 않는 자들의 나라　　**109**
광주 5·18 현장 (1)

모두가 우리였던 그날　　**137**
광주 5·18 현장 (2)

좁은 창, 작은 방, 비밀계단　　**163**
남산 안기부 터와 남영동 대공분실

감옥에서도 지워진 얼굴들　　**191**
서대문형무소역사관

봄을 찾아가는 세 갈래 길　　**219**
마석 모란공원

다르게 흐르는 시간들　　**247**
세월호 참사 현장

후기　　**276**
참고문헌　　**278**

머리말

역사의 현장에서 사람을 생각하다

이 책은 제주도에서 분단 현장까지 2주간 답사를 나섰던 2011년 가을에 구상되었다. 역사적인 인권 현장을 다녀보고는 내가 느끼고 생각한 것을 많은 사람들과 공유하고 싶었다. 그렇지만 이 책을 쓰기는 쉽지 않았다. 특히 2014년 4월 세월호 참사와 관련해서 중요한 역할을 수행해야 했기 때문에 더더욱 글쓰기에 집중할 수가 없었다. 집필 계획은 항상 바쁜 일 다음으로 밀렸고, 출판사와의 약속은 번번이 어기게 되었다. 단지 시간이 없어서 출간이 늦어진 것은 아니었다. 학자도 아닌 활동가가 역사를 얼마나 알겠는가 하는 회의와 부담감이 무척 컸다. 그때마다 현장을 다시 가보고 자료를 열심히 찾았지만 마지막 순간까지 이런 마음의 짐에 짓눌려서 글쓰기가 더 어려웠다.

이 책은 인권운동을 하면서 오래전부터 갖고 있었던 의문을 해소하기 위해 시작한 인권 현장 답사기다. 지구상의 유일한 분단국가라는 특수성만으로는 설명이 충분하지 않은 억압과 배제와 혐오의 정치는 해방 뒤 대한민국 정부의 수립 과정에서부터 발아되었고, 전쟁을 거치면서 강화되었다. 그런데 그런 정치구조는 일제로부터 이어받은 것이기도 했다. 이분법만이 허용되고, 다양성과 다름은 용납되지 않는 구조. 이것은 국가보안법이 강제한 결과와 정확하게 일치했다. 많은 자유는 유보되었고, 사회권(경제·사회·문화적 권리)은 정책적 지향일 뿐 현실의 권리에서는 너무도 멀었다.

그렇지만 청산되지 않은 과거가 작동하는 힘은 국가폭력-국가범죄 피해자들의 저항을 통해서 제어되기 시작했다. 그런 과정에서 극단적인 결단으로 죽어간 이들도 있고, 또는 그 억울한 죽음들에 연대하는 시민들이 있었다. 그것이 민주화 과정이라고 한다면, 인권의 실현 과정이기도 했다. 국가에 대한 공포에 억눌려서 말도 못 하던 시기는 확실히 지나고 있다. 광장에서 대통령을 탄핵하는 역동적인 힘을 가진 시민들에 의해서 단단하기만 했던 반인권의 구조는 약화되거나 해체되어간다.

이 책에서는 국가폭력-국가범죄의 원형들을 발견한다. 제주 4·3과 한국전쟁은 극단적 반공국가를 주조해낸 직접적인 사건들이다. 하지만 그때의 피해자들은 침묵을 강요당해왔다. 그들이 말할 수 있었던 것은 1987년 6월항쟁 이후다. 한센인에 대한 격리와 감금, 강제노동, 폭력은 우리나라 사회복지시설의 인권유린과 맞닿아 있다. 소록도의 끔찍한 폭력구조도 국가가 조장했다. 장애인과 소수자에 대한 극도의 증오와 혐오는 거기서 뿌리를 내리고 있다.

제주 4·3과 한국전쟁 시기의 학살은 광주에서 재현되었고, 그

진실은 아직도 충분히 규명되지 않은 채로 책임자들의 처벌은 중단되었다. 그러면서 극우 세력이 민주화 과정에서도 온존할 수 있는 여지를 열어주었다. 한편으로 광주 5·18항쟁을 말할 때 여성이나 빈민층의 헌신은 소극적으로 다뤄진 것도 사실이다. 이들이 항쟁의 주역으로 자리매김하도록 하는 것이 광주의 과제일 것이다.

남산의 중정-안기부와 남영동의 대공분실은 공포의 고문을 가하면서 독재국가를 폭력적으로 유지하던 기관들이었다. 지금도 남아 있는 건축물에서 그 흔적을 찾아보면, 고문이 우리의 일상과 가까운 곳에서 자행되었음을 확인할 수 있다. 우리가 그때의 고문을 잊는다면 언제고 다시 부활할 것임은 명백하다. 서대문형무소역사관에서는 일제강점기의 혹독한 수감생활에 집중된 전시 방향을 짚어본다. 한국 정부하에서도 수감자의 처우는 비참했는데 그런 점은 언급되지 않고 일제에 대한 분노에 집중하고 있다. 또한 그곳은 사형제도의 문제도 같이 생각해보기 좋은 곳이기도 하다.

마석 모란공원 민주열사묘역은 노동의 길, 민주의 길, 인권의 길 등 세 갈래로 나눠 설명하려고 시도했다. 다만 그곳에 묻힌 열사들의 죽음의 의미를 찾아볼 수 있도록 안내하는 정도에서 멈춘다. 나머지는 그곳을 방문하는 이들의 몫이기 때문이다.

마지막으로 현재진행형인 세월호 참사는 세월호 선체, 팽목항과 침몰 현장, 안산과 인천, 그리고 광장이라는 공간으로 접근한다. 그런데 이 장을 쓰기가 가장 어려웠다. 현재 가장 깊숙이 관여하고 있는 일임에도 무언가 하나라도 매듭짓지 못한 책임의 상당 부분을 지고 있는 사람으로서 뭐라 입을 떼기가 조심스러웠다.

이 책을 쓰면서 다른 일반적인 여행기를 답습하고 싶지는 않았다. 그래서 여행정보는 많이 없다. 이 책의 목적은 역사적인 사건이나 현장을 인권의 시각으로 살펴보도록 안내하는 것이다. 역사를 해석하는 하나의 기준점으로 인권이 중요하게 다뤄져야 한다고 생각한다. 이 책이 익숙한 방법이 아닌 조금은 생소한 시각과 관점으로 사건을 바라보고 해석하는 계기가 된다면 성공한 것이겠지만, 좀 더 바람이 있다면 독자들이 이 책에 소개된 현장들을 찾아가보는 것이다. 오랜 시간 걸려서 책을 쓴 보람으로 그보다 더 큰 것은 없을 것이다.

이 책을 쓰기까지 많은 분들의 도움을 잊을 수 없다. 제주 4·3 현장에는 다크투어의 백가윤 대표, 전쟁기념관에는 열린 군대를 위한 시민연대 박석진 사무국장, 소록도의 비공개 지역에 들어갈 때는 조영선 전 국가인권위원회 사무총장, 광주 5·18 현장에는 박강배 광주문화재단 정책기획실장과 조진태 5·18기념재단 상임이사가 많이 도와주었다. 귀찮은 질문과 부탁에 성실하게 답을 준 분들이다.

마석 모란공원을 쓸 때도 유가족들의 상처를 건드리는 일이 될까봐 걱정이 많았다. 세월호 참사 유가족들에게도 말로 다 표현 못할 고마움을 느낀다. 세월호 참사 현장을 돌아보는 일은 유가족들의 6년여 투쟁의 현장을 쫓아가는 길이다. 그들이 현장을 지키고 싸우지 않았다면 그 현장들은 잊혔을 것이다. 자신의 아픔을 넘어 세상의 변화까지 이끌어내고 있는 유가협의 부모님들과 세월호 유가족들에게 깊은 감사의 인사를 전하고 싶다.

이외에도 많은 분들에게 도움을 받았다. 책과 자료로 현장의 문제를 정리해주신 연구자와 활동가, 기자와 언론인이 있었다. 그분들의 이름을 일일이 거론할 수조차 없다. 수많은 이들의 선행 작업이 없었으면 엄두도 못 낼 일이었다. 그럼에도 현장 깊숙이 들어가 보지 못한 건 나의 한계이고 책임이다. 역사의 심연을 들여다볼 능력, 그걸 표현하고 전달할 능력이 부족했던 탓이다. 현장에서 많은 이야기를 해주신 분들의 이야기도 담아내지 못한 게 많다. 그런 분들에게 죄송한 마음이다. 부족하거나 잘못된 부분들을 지적해주시면 2쇄를 찍을 때 보완할 것을 약속드린다.

이 책이 나올 수 있었던 데는 출판사 클의 김경태 대표의 끈기가 크게 작용했다. 성준근 편집자는 글에서 부족한 점에 대해 매번 적절한 지적을 해주었다. 한승일 작가는 현장을 좇아다니면서 책임지고 좋은 사진을 남겨주었다. 그밖에 디자인과 편집, 마케팅 실무를 맡아 신경써준 출판사 클 직원들 모두에게 고마움을 전한다.

이 책이 나오기까지 인내하면서 격려해준 인권재단 사람의 이사님들과 사무처 활동가들에게도 감사의 마음을 전한다. 특히 전국의 현장을 다니겠다고 사무실 일에 신경을 못 써도 넉넉히 이해해준 사무처 활동가들의 지지가 용기가 되었다.

인권 현장을 다닌다고 집을 떠나기 일쑤였던 남편을 응원해준 아내는 그동안 시를 써서 등단을 했다. 시인이 된 아내가 기다려주고 이해해주지 않았으면 이 책은 나올 수 없었다. 두 딸은 나의 무조건적인 지지자다. 이런 딸들을 둔 게 얼마나 큰 복인가 생각한다.

마지막으로 독자 북펀드에 참여해주신 독자분들, 책이 완성되기 전이었는데도 기꺼이 마음을 내어주셨다. 이름도 얼굴도 모르는 많은 분들이 이 책에 대한 기대를 갖고 있다는 뜻이어서 막판에 부담감이 더 컸지만, 또한 그분들에게서 용기를 얻어 이 책을 마무리 지을 수 있었다.

이제 이 책을 큰 두려움과 설렘으로 세상에 내보낸다. 부디 이 책을 통해 인권의 현장을, 그곳에서 고통을 당했던 사람들을 만나보시길 바란다. 이 책의 목적지는 결국 사람임을 감히 말씀드린다.

2020년 봄
박래군

제주 4·3 현장

학살과
해원의
섬

기행의 시작

인권기행을 제주도에서부터 시작하게 된 것은 제주도가 분단된 나라의 가장 남쪽에 있다는 이유 때문만은 아니었다. 세계적으로 냉전 질서가 해체된 지 한참 지난 21세기까지도 걸핏하면 '빨갱이'니 '좌익'이니 '종북'이니 하는 이념의 틀 안에 갇힌 답답한 인권의 현실은 여기서부터 형성되었고, 대한민국 인권의 역사도 그와 함께 시작되었다고 생각하기 때문이다.

나는 제주도에 가보기 전에 제주 4·3사건을 알았다. 1980년대 당시 대학생들의 필독서였던 해방 이후의 한국사 책들이나 현기영의 소설 「순이 삼촌」, 안치환의 〈잠들지 않는 남도〉와 같은 노래를 통해서 제주 4·3을 접할 수 있었다. 내게 제주도는 비극적인 역사를 가진 아름다운 섬이었다. 정작 제주도에 처음 간 것은 인권운동을 시작하고 나서, 그러니까 1990년대 중반을 넘어섰던 것 같다. 그 후로도 제주도에 갈 때마다 드문드문 제주 4·3의 현장들을 둘러보게 되었는데, 그건 너무 자연스러운 일이기도 했다. 그 비극을 비켜간 제주도는 있을 수 없었으니까.

그러다가 제주 강정마을에 들어서려는 해군기지 반대 투쟁에 참여하면서, 더욱 가까이 제주 4·3의 현장들을 찾을 기회가 생겼다. 보면 볼수록 제주도는 참혹한 역사를 고스란히 간직한 곳이었다. 물속까지 훤히 들여다보이는 맑은 바다, 한라산과 오름들, 화산이 폭발하고 마그마가 분출하면서 만들어낸 잘 조화된 풍경들이 눈을 사로잡았지만, 한 꺼풀만 들추면 수천 년 동안 축적된 아픔과 한과 울음이 있음을 알게 되었다. 억압과 착취에 짓눌린 섬이었지만, 그럴 때마다 저항을 멈추지 않은 섬이기도 했다. 그 역사를 알고 나니 제주의 흙과 바다와 오름 들이 새삼 달리 보였다.

제주 4·3사건에 대해서는 "1947년 3월 1일 경찰의 발포 사건을 기점으로 하여, 경찰·서청(서북청년단)의 탄압에 대한 저항과 단독선거·단독정부 반대를 기치로 1948년 4월 3일 남로당 제주도당 무장대가 무장봉기한 이래 1954년 9월 21일 한라산 금족지역이 전면 개방될 때까지 제주도에서 발생한 무장대와 토벌대 간의 무력충돌과 토벌대의 진압 과정에서 수많은 주민들이 희생당한 사건"이라는 설명이 지금까지 가장 공식적인 입장이다. 이것은 2000년 1월 제정된 '제주 4·3사건 진상규명 및 명예회복에 관한 특별법'에 의해 설치된 '제주 4·3사건 진상규명 및 희생자 명예회복위원회'가 조사 과정을 거쳐 2003년 10월 「제주 4·3사건 진상조사보고서」를 발표하면서 결론적으로 정리한 것이다. 짧은 문장 속에 해방 이후의 숨가빴던 현대사의 한 시기가 소용돌이치고 있다.

2차대전 이후 국제 사회는 전혀 다른 방향의 두 개의 흐름이 있었다. 하나는 유엔을 만들고, 세계인권선언을 만들던 흐름이었다.

2차대전의 비극을 반성하고 다시는 그런 참극을 되풀이하지 말자는 다짐이 결실을 맺어갔다. 유엔은 1948년 12월 9일, '제노사이드(집단학살) 범죄의 방지와 처벌에 관한 협약(제노사이드 조약)'을 채택했고, 12월 10일에는 세계인권선언을 채택하면서 인권을 세계 보편의 가치로 만들었다.

다른 한편으로는 미국과 소련, 강대국의 냉전 판짜기가 진행되고 있었다. 일제로부터 해방된 한반도는 이들 강대국의 세계전략에 의해서 분단국가로 운명 지어졌다. 미국은 분단된 한반도의 남쪽에 반공국가를 건설하여 자본주의 진영의 방파제를 구축하고자 했다. 이를 위해 미군정은 육지에서는 얼추 좌익 세력과 민족주의 우파 세력을 제거하는 데 성공했지만 자생적인 '인민위원회' 조직이 있던 제주도는 예외였다. 미국과 이승만 세력이 만들려던 반공국가 대한민국에 오로지 제주도만이 반대하여 일어선 것이다. 거대한 힘에 반기를 든 대가는 엄청났다.

미군정은 육지에서와 마찬가지로 일제에 충성하고 제주도민에게 학정을 가했던 일제경찰을 다시 경찰로 불러냈다. 이제 이들은 반공경찰이 되어 미군정에 충성했다. 친일경찰을 비롯한 친일파들로 권력이 구축되고, 인민위원회는 배제되었다. 게다가 그 무렵 지독한 가뭄과 전염병이 창궐했다. 제주도민들은 헐벗고 굶주리는 와중에도 미군정에 쌀을 공출해야 했다.

1947년 3월 1일, 3·1만세운동을 기념하는 군중집회가 3만 명이 운집한 가운데 제주 북초등학교에서 열렸다. 집회에 모인 사람들이 가두시위에 들어가려던 순간, 말을 탄 경찰(기마 경찰)에 한 어린

아이가 치이는 사고가 일어났다. 그 사태를 방치하고 가려는 경찰을 사람들이 비난하자, 경찰은 오히려 이들에게 발포하여 여섯 명이 사망하고 여섯 명이 중상을 입었다.

이에 항의하는 민관 총파업이 3월 10일부터 진행되었는데, 경찰과 사법기관을 제외한 거의 모든 행정기관 공무원을 포함해 약 4만 명이 이 파업에 참여했다. 경찰은 강경 진압에 나서 4월 10일까지 500명가량을 검거하고 고문을 자행했다. 제주도민들의 분노는 시한폭탄과 같았다. 거기에 남한만의 단독선거로 단독정부를 세우려는 시도가 진행되던 중이었다. 이에 반대하는 남로당 제주도당의 무장봉기가 시작된 게 1948년 4월 3일이었다. 그해 5월 10일 치러진 단독선거를 거부하여 제주도민들은 한라산에 올랐다. 전국에서 오로지 제주도의 2개 선거구만 선거를 치를 수 없었다. 그러자 미군정은 제주도를 '레드 아일랜드(붉은 섬, 공산주의자들의 섬이라는 미군정의 표현)'로 낙인찍고 육지에서 군경을 증파하고, 테러집단인 서북청년단 등 반공우익단체에게 군경의 옷을 입혀 도민학살에 나선다. 7년 6개월여 동안 제주도민 약 3만 명이 학살당한 제노사이드의 현장은 제주도 전역이었다. 오로지 '적-아'의 이분법만이 존재하는 극단적인 반공국가가 그곳에서 정초되었다.

한편 1948년 10월, 무장대 토벌이라는 명목으로 여수·순천 지역에 주둔하고 있던 국방경비대(국군의 전신) 제14연대를 제주도로 동원하려고 했으나, 소속 군인들이 이를 거부하여 반란을 일으키자 유혈 진압을 한 여순사건이 발생했다. 이승만 정권은 이를 기회로 정치적 반대자들을 싹쓸이할 심산으로 일제가 만든 치안유지법을 끌어와서 국가보안법을 제정했다. 국가보안법이 지배하는 대한민국에서는 독재 정권에 반대하는 싸움은 모두 이념적으로 적인 북한을 고무·찬양하는 행위로 매도되었다. 민주주의 국가의 기본인 사상의 자유와 표현의 자유는 국가보안법에 의해 철저하게 봉쇄되었다. 최근까지 이런 지독한 반인권의 구도에 맞서서 인권운동은 힘겹게 싸워야 했다.

제주 4·3은 1987년 6월항쟁 이후의 민주화가 되기까지 철저한 금기어였다. 당시에는 4·3 이야기만 꺼내는 것으로도 탄압의 대상이 되었고, 국가보안법으로 처벌받기도 했다. 6월항쟁 이후부터 조금씩 나아지기는 했으나, 이런 상황은 민주화가 진행되던 1990년대까지도 이어졌다. 그러다가 2000년 1월 특별법이 제정되면서 비로소 제주 4·3에 대한 금기는 풀렸다.

이제 우리는 인권기행의 첫걸음을 떼려 제주도로 간다. 그러나 제주도 전역에 있는 제주 4·3유적지를 모두 방문하는 것은 쉽지 않다. 그래서 제주도에서는 대체로 아래 네 개의 코스를 정해서 권하고 있다.

제주시 동부권 관덕정 → 화북 곤을동 → 4·3평화공원 → 선흘 목시물골 → 낙선동 4·3성 → 북촌 너븐숭이 기념관과 애기무덤 → 다랑쉬굴과 다랑쉬마을

제주시 서부권 정뜨르비행장 → 하귀 영모원 → 빌레못굴 → 진아영 할머니 삶 터 → 만벵듸 공동묘지

서귀포시 서부권 동광 잃어버린 마을과 헛묘 → 동광 큰넓궤 → 대정 백조일손지묘 → 알뜨르비행장 → 섯알오름

서귀포시 동부권 4·3평화공원 → 남원 현의합장묘 → 의귀리 송령이골 → 표선 백사장 → 성산읍 터진목 및 4·3위령공원

어느 코스를 택해서 가도 종일 걸린다. 70주년을 지나면서 예전보다는 안내 이정표나 푯말 들이 많이 정비되어 있다. 하지만 제주도민들에게 유적지를 묻는다고 정확하게 답을 듣지는 못한다. 현지주민들도 그곳에 4·3유적지가 있다는 것을 모르는 경우가 종종 있다. 그러니 길을 떠나기 전에 충분히 길을 익히고 가야 한다.

이 책에서는 인권의 시각으로 다시 살펴봐야 할 몇 곳을 추려서 찾아가보기로 한다.

거대한 탑이 없는 4·3평화공원

4·3유적지들을 제대로 방문하기 위해서는 먼저 제주시 봉개동에 있는 제주 4·3평화공원부터 들를 것을 권한다. 특히 제주 4·3의 전개 과정에 대해 잘 모르는 사람들은 꼭 여기에서 전반적인 이해를 하고 다른 유적지를 찾는 게 좋다. 전시관도 잘 만들어져 있고, 추모공원도 잘 구성되어 있기 때문이다.

우선 어딜 가나 비슷비슷한 거대한 탑 같은 조형물이 없다는 게 여느 추모공원과는 다르다. 전시관의 콘텐츠는 국가가 운영하는 다른 전시관에 비해서 격이 높다. 관이 일방적으로 만든 게 아니라 민관이 합동으로 내용을 구성했기에 가능했을 것이다.

비행접시 모양의 4·3평화기념관에 들어가보자. 입구에 해당하는 1관은 제주 4·3의 역사 속으로 들어가는 '역사의 동굴'이다. 동굴의 끝에 가면 하늘에서 한 줄기 빛이 들어오는 둥근 원형의 홀을 만나고 그곳에 아무것도 쓰여 있지 않은 채 바닥에 누워 있는 비석, 백비白碑를 마주한다.

언젠가 이 비에
제주 4·3의 이름을 새기고
일으켜 세우리라

백비의 굳은 다짐이 적혀 있는 안내판을 뒤로하고, 현무암 동굴로 이어진 전시관을 따라 들어가다보면 어느새 우리는 제주 4·3의 비극 한복판에 서 있다. 강요배를 비롯한 작가들의 그림과 애니메이션 등 품격 있는 작품들이 곳곳에서 제주 4·3을 증언하고 있다.

특히 4관이 가장 끔찍하다. 초토화와 학살을 표현한 그곳에는 원통형의 방이 있고 그 벽은 모두 흰색인데, 벽마다 학살당한 이들의 절규가 부조되어 있다. 고문 피해자들의 모습, 학살당한 사람들의 시신을 형상화한 전시는 시각과 청각만이 아니라 촉각까지 그 전율할 기억 속으로 끌고 들어간다. 서북청년단도 토벌대도, 어떻게 이토록 잔인할 수 있을까. 그런 의문들에 휩싸여 있을 때 다행히 다음 전시에 진상규명운동이 등장한다. 급기야는 특별법이 제정되고 노무현 대통령의 음성으로 국가의 사과를 듣는다. 비로소 희망인 것인가.

그런데 여기서 끝이 아니다. '다랑쉬 특별전시관'이 눈길을 잡는다. 1992년, 지금은 없어진 다랑쉬마을 인근 건천 바닥에 있던 현무암 동굴의 학살 현장이 제주4·3연구소에 의해서 발굴되었다. 모두 열한 명의 사람들이 유골 형태로 발견되었는데, 정부당국은 유

제주 4·3 당시 사람들이 다랑쉬굴에 숨어 먹고살기 위해 애썼던 흔적을 재현해놓은 전시.

골을 화장하여 바다에 뿌리고 동굴의 입구를 막아버렸다. 여기에 그 동굴의 내부를 볼 수 있게 이곳에 재현해놓았다. 동굴 벽 쪽으로 모여 있는 유골들은 모형이지만 밖에서 들어오는 연기를 피해 더 이상 갈 수 없는 곳까지 몰린 이들의 마지막 모습을 생생하게 보여준다.

그리고 눈길을 잡아끄는 것, 깨진 무쇠솥단지며 밥그릇들, 양푼, 숟가락들… 마지막까지 목숨을 연명하기 위해 무엇을 끓여 먹었던 것일까. 숨어든 그 동굴에서 생사의 기로에 서 있을 때조차도 새끼들을 먹이고 식구들을 먹이기 위해서 밥을 지어야 했던 흔적들이 드러나 있다.

그 어두운 동굴 속을 지나고 밖으로 빠져나오면 폭낭 한 그루가 서 있다. 해원의 폭낭. 해원을 염원하는 폭낭이 바람에 흔들리고 있다. 폭낭이란 팽나무의 제주 사투리로, 제주 문화의 상징 같은 존재다. 제주 곳곳이 학살의 원이 서려 있으니 마을마다에 서 있는 폭낭들은 제주도 전체가 원통함을 풀길 바라고 있는 것 같다.

기념관을 나오면 추모의 공간이 펼쳐진다. 원형의 산자락 지형을 그대로 살려서 만든 공원도 구성부터가 독특하다. 일자형의 배치가 아니라 모든 게 원형이다. 권위적인 계단식 구성이나 크게 우러러보아야 하는 조형물들이 없다. 위령비도 공원 입구에 만들어진 호수의 가운데에 서 있다.

원형의 각명비는 각 마을에서 사망한 이들의 이름을 새겨놓았다. 어린아이부터 노인에 이르기까지 일일이 셀 수 없는 사람들의 이름이 거기 있다. 너무 많아 보이지만 이것도 전부가 아닌 신고가 된 사람들일 뿐이다. 신고할 가족이 없는 이들은 얼마나 누락되었을까. 각명비의 한쪽에 〈귀천〉이라 제목을 붙인 추모비가 있다. 성인 남녀, 어린이 남녀, 그렇게 네 개의 비석에 수의壽衣가 그려져 있다. 그런데 수의를 새긴 비석이 하나 더 있다. '아직 세상에 태어나지도 못하고 죽은 태아'를 위한 수의. 각명비 중간에 문무병 시인의 해원의 시가 세로로 새겨 있다.

눈물 수건으로 눈물을 닦으시고
똠든 의장 뼈를 싸 얼었던 몸 녹이고 얼은 마음 풀어서

위: 4·3 당시 민간인들의 죽음과 전래의 '수의'를 모티브로 한 추모비 〈귀천〉.
아래: 행방불명자 비원 앞에 세워진 조각 작품 〈해원〉.

저승 상마을로 가 나비로나 환생헙서

추모비 뒤의 완만한 계단을 오르면 추념광장이 있고, 위령제
단이 있다. 그곳에 향을 사르고 오른편으로 돌아서 내려오다보면 행
방불명자들의 이름을 적은 표지들을 만난다. 멀리 한라산이 보이는
그 자리에 새겨진 이름은 모두 3,429명이라고 한다. 최근에 4·3평
화재단이 발표한 추가조사보고서에 따르면, 당시 행방불명자들은
2003년의 조사보다 645명이 더 많은 4,255명으로 확인되었다고
하고, 대략 5천 명가량 될 것으로 추산하고 있다.

이 많은 사람이 어디에 가서 죽었는지도 모른다. 이들 중에 육
지의 교도소로 끌려갔던 사람들도 포함되어 있다. 그 행방불명자 비
원 앞에는 〈해원〉이라는 조각이 있다. 정면으로 세워진 벽을 향해
들어가는 사람들이 모두 힘없이 어깨를 구부린 모습이다. 그중 한
사람이 살짝 왼쪽으로 돌아본다. 죽으러 끌려가는 사람의 눈빛이 그
러했을 것이다. 가슴이 서늘하다.

기념관과 공원을 보고 한껏 무거워진 마음으로 공원을 나오다
가 원형의 돌담을 만나게 된다. 제주도에서 흔히 보는 검은색 현무
암으로 쌓은 담은 달팽이 등처럼 뱅글뱅글 돌아 들어가는데, 그 담
에는 제주도의 자장가가 새겨져 있다.

웡이 자랑 웡이 자랑
웡이 자랑 웡이 자랑
우리 아기 자는 소리

변병생 모녀 조각상 〈비설〉.

놈으 아기 우는 소리
우리 어진이 돕밥 먹엉
혼저 재와줍서

돌담이 끝나는 자리, 흰 눈밭 위의 어지러운 발자국, 그리고 기진해서 쓰러진 한 여성이 보인다. 가슴에 아이를 안고 있다. 변뱅생 모녀의 상. 변병생(당시 25세)은 중산간마을 소개작전이 진행되던 1949년 1월 6일, 토벌대가 쳐들어온다는 말에 두 살배기 딸아이를 들쳐업고 급히 도망쳤다. 하지만 쫓아오던 토벌대에 발각되었고, 곧 총에 맞아 쓰러졌다. 그럼에도 그는 다시 일어나 아이를 품에 안고 한 발 한 발 나아갔다. 그러다 그만 아이를 품에 안은 채 추위에 그대로 얼어붙었다. 눈보라가 휘몰아친다는 뜻의 〈비설飛雪〉이라는 조각상이 묘사한 장면이다. 제주 4·3의 참상을 집약적으로 보여주는 그 모습에 한동안 말을 잊게 된다.

학살의 전형 북촌마을

제주 4·3사건을 전형적으로 보여주는 곳 중 하나가 조천읍 북촌마을이다. 조천읍 사무소에서 함덕 해변을 지나 왼쪽으로 서우봉을 끼고 차를 달리다보면 북촌초등학교가 나오는데, 그 직전에 너븐숭이 4·3기념관을 만난다.

너븐숭이 4·3기념관은 북촌학살을 기억하기 위한 작은 기념관으로, '너븐숭이'는 '넓은 돌밭'을 뜻하는 제주 사투리다. 이곳에 가면 당시 학살당한 이들의 명단이 벽에 새겨져 있고, 해설사로부터 당시의 상황을 들을 수 있다. 현기영 선생이 소설 쓸 때 사용하던 필기구며 취재수첩을 보는 재미도 있다. 기념관을 나오면 바로 문 앞 왼편에 '애기무덤'이 있다. 애기무덤은 예전부터 이곳에 있었다고 한다. 실제로 아기들이 죽으면 묻어주던 곳인데 제주 4·3 때 죽은 아기들의 무덤도 있다. 피어나지도 못하고 사라진 작은 아이들의 무덤. 그 주변을 조그만 돌멩이들이 둥그렇게 둘러져 있다. 애기무덤 위에 작은 꽃신이 있는데, 갈 때마다 누군가 거기에 꽃을 두었던 게 기억난다.

애기무덤을 지나서 북촌초등학교 쪽으로 가는 길에 순이 삼촌 문학비가 있다. 그런데 하나의 비석만 서 있고, 나머지 비석들은 바닥에 누워 있다. 어떤 비석은 이미 누워 있는 비석 위에 포개져 있다. 마치 그날 피 흘리며 죽어간 흰옷 입은 사람들의 시체가 거기 널려 있는 것 같았다.

그 당시 일주도로변에 있는 순이 삼촌네 밭처럼 옴팍진 밭 다섯 개에는 죽은 시체들이 허옇게 널려 있었다. 밭담에도, 지붕에도, 듬북눌에도, 먹구슬나무에도 어디에나 앉아 있던 까마귀들, 까마귀들만이 시체를 파먹은 게 아니었다. 마을 개들도 시체를 뜯어 먹고 다리토막을 입에 물고 다녔다. 사람 시체를 파먹어 미쳐버린 이 개들은 나중에 경찰 총에 맞아 죽었지만, 그 많던 까마귀들은 모두 어디 갔을까?

— 현기영, 「순이 삼촌」 중에서

조천읍 북촌마을에 있는 순이 삼촌 문학비.

「순이 삼촌」은 계간지 『창작과 비평』 1978년 가을호에 실렸
다. 현기영 선생은 이 작품을 발표하고 보안사에 끌려가 고초를 당
했다고 했다. 선생은 감히 그때까지 말할 수 없었던 제주 4·3의 진
실을 처음으로 공론의 장으로 끌어냈고, 그 뒤로도 4·3을 알리는 작
품 활동을 했다. 그러니 작품의 현장이었던 이곳에 문학비를 세우는
것은 너무 적절한 일이다.

　북촌초등학교 운동장 한구석에는 추모비가 서 있다. 1949년
1월 17일, 갑자기 군인들이 들이닥쳐서 집마다 불을 지르고 주민들
을 학교 운동장으로 끌고 나와서 학살을 저지른다. 그날 아침에 순

찰을 마치고 돌아가던 군인 두 명이 무장대에 죽임을 당한 것에 대한 보복이었다. 100명가량은 초등학교에서 동쪽에 있는 당팟으로 끌고 가서 죽였고, 나머지는 너븐숭이에서 죽였다. 그날 희생된 사람만 300명이었다. 북촌마을은 4·3 때 500명 가까이 희생되었으니 단일 학살로는 그날이 규모가 가장 컸다. 지금도 그때를 생생히 기억하는 주민들이 있다.

너븐숭이 4·3기념관에 가면 강요배 화백의 그림 〈젖먹이〉가 있다. 현기영 선생이 4·3에 관한 문학 작품을 남겼다면, 강요배 화백은 4·3 연작을 그렸다. 그런 분들의 노력이 있어서 4·3의 진실이 오늘만큼이라도 알려지게 되지 않았을까. 어린아이가 죽어서 넘어져 있는 엄마의 옷자락을 헤집고 젖을 찾아서 빠는 모습. 이 장면은 그날 북촌학살 때 실제로 있었던 일이다.

> 네 살배기 남동생을 업고 있던 어머니는 운동장 한복판에서 군인들이 쏜 총에 맞았다. 누군가 한옥자에게 말했다. "아이고, 느네 어멍 죽었져(아이고, 네 엄마 죽었어)." "느네 오래빈 어멍 우이 돌아졍 젖 먹엄져(네 남동생이 엄마 위에 매달려 젖을 먹고 있어)."
>
> — 『한겨레21』 1256호(2019. 4. 30.),
>
> 「남동생은 총에 맞아 죽은 엄마의 젖을 빨았다」 중에서

당시 여덟 살이었던 한옥자 씨는 그날 끔찍한 학살의 현장을 목격했다. 학살 뒤 살아남은 이들은 함덕으로 끌려갔고, 그곳에서 너무 배고프고 힘들게 살았다고 했다. 젖을 빨던 그 남동생은 16년

강요배, 〈젖먹이〉, 2007, 캔버스에 아크릴릭, 160X130㎝. (사진 제공: 학고재 갤러리)

전에 죽었다고 했다.

　진상조사보고서에 나오는 증언이나 제주4·3연구소, 제민일
보의 기사 등을 통해서 접하는 증언들을 보면, 상상할 수 없는 끔찍
한 짓들이 많았다. 한밤중에 집에 불을 지르고 뛰쳐나오는 사람들을
하나하나 총으로 쏴 죽이는 정도는 흔한 일이었다. 열 살짜리 소녀
를 대검으로 찔러 죽이고, 어린아이를 돌에 메쳐서 죽이고, 아이들
보는 앞에서 어미를 강간해서 죽창으로 찔러 죽이고, 또 예쁜 여자
만 골라서 데리고 살다가 제주도를 떠날 때는 함께 살던 여자를 죽
이고 갔다는 등등 이야기들은 끝이 없다. 사람을 벼랑 끝에 세워놓
고 조준 사격을 해서 바다로 떨어져 죽게 했고, 마치 고양이가 생쥐
를 갖고 놀다 죽이는 것처럼 사람 목숨을 갖고 희롱하다가 장난삼
아 죽이고, 누가 더 죽였는가 내기까지 했다. 옛날 일본군이 조선인
이나 중국인들을 학살할 때의 상황과 하나도 다를 바 없었다. 모두
평소에는 보통의 사람들인데 광기의 상황에서는 저렇게 돌변할 수
있는 것인지 학살의 증언을 듣다보면 진저리가 쳐진다. 제주 사람들
은 그런 학살의 기억을 간직하고 어떻게 살 수 있었을까.

　1952년 어느 날 군에 나갔던 청년이 전사해서 돌아오는 일이
있었다. 마을에서 이 청년의 장례를 치르다가 어느 누가 먼저라고
할 것 없이 "아이고, 아이고" 소리 내어 울었단다. 그동안 울고 싶어
도 울 수 없었던 사람들의 온갖 설움이 그 청년의 장례에서 터져나
왔다. 사람들이 모두 통곡했던 사건이었다. 그 일로 신승빈 이장을
비롯한 마을 사람들이 끌려가서 곤욕을 치르고 시말서를 쓰고 나서
야 풀려났다. 북촌마을의 '아이고 사건'이다. 억울한 죽음에 대해서

도 말하지 못하게 하는 폭력이 엄연하던 시절이었다.

조천읍에서 또 가봐야 할 곳은 '낙선동 4·3성城'이다. 낙선동
4·3성은 조천읍 선흘리 2734번지에 있다. 동서로 길게 늘어선 돌
성은 잘 다듬어져 있다. 여느 성처럼 앞에는 성벽을 따라서 해자도
길게 파놓았다. 영락없는 성이다. 이런 전략촌이 제주도 곳곳에 있
었다고 하고, 이렇게 쌓인 성의 총길이가 무려 150킬로미터에 달했
다고 한다. 제주도 동서의 길이가 73킬로미터인데 그 두 배가 넘는
길이다. 너븐숭이 4·3기념관 근처에도 허물어진 4·3성이 있다고
했는데, 이 낙선동의 성은 새로 복원한 곳이라서 말끔하다 못해 관
광지 느낌마저 들게 한다.

그런데 이 성은 진짜 성이 아니다. 토벌대는 중산간마을을 초
토화한 뒤에 강제로 사람들을 해안가로 이주시켰다. 무장대의 근거
지를 없애기 위해 주민들을 성에 가두고 성을 지키게 했다. 학살에서
살아남은 북촌 주민들은 함덕에서 돌아와 옴팡밭에 널려 있던 시신
들을 수습한 뒤 움막을 지어 겨우 살려고 할 때, 토벌대는 주민들을
성 쌓는 일에 내몰았다. 집 담장과 밭에 있는 돌들을 헐어서 날라다
가 성을 쌓게 했다. 북촌과 선흘리 사람들이 강제노역으로 한 달 동
안 굶주리면서 쌓은 것이 이곳의 성이다. 성을 쌓아놓고는 낮이고 밤
이고 아낙이든 어린아이든 누구든 할 것 없이 보초를 서게 했다.

그리고 토벌대의 횡포가 너무 심했다. 집에는 당장 먹을 게 없
어도 토벌대가 요구하는 밥이며 고기를 해내야 했던 그들 중에는
중산간마을에서 이주해온 이들도 있었을 것이고, 한라산에 피신해
있다가 내려온 하산민, 그리고 토박이들도 있었을 텐데, 그들이 감

새로 복원한 낙선동 4·3성.

내해야 했던 고통은 어땠을까. 200여 세대가 이곳 성에 갇혀서 살았다고 하는데, 특히 여성들에게 가해졌던 폭력은 지금으로는 상상하기도 힘들었으리라. 그런 속에서 식구들을 지키고 아이들을 키우고 오로지 생명을 부지하기 위해서 쏟았던 한숨과 눈물은 또 얼마였겠는가.

성 안에는 통시가 있고, 경비망루가 있고, 총안도 설치되어 있다. 완전히 무장대를 겨냥해서 만들어진 전략촌의 모습이 복원되어 있다. 성 입구에는 수백 년 묵은 폭낭이 늠름한 모습으로 서 있다. 저 폭낭은 저 자리에 서서 4·3의 학살극을 모두 지켜봤을 것이다.

저항의 흔적 이덕구 산전

관덕정 광장에 읍민이 운집한 가운데 전시된 그의 주검은 카키색 허름한 일군복 차림의 초라한 모습이었다. 그런데 집행인의 실수였는지 장난이었는지 그 시신이 예수 수난의 상징인 십자가에 높이 올려져 있었다. 그 때문에 더욱 그랬던지 구경하는 어른들의 표정은 만감이 교차하는 듯 심란해 보였다. 두 팔을 벌린 채 옆으로 기울어진 얼굴. 한쪽 입귀에서 흘러내리다 만 핏물 줄기가 엉겨 있었지만 표정은 잠자는 듯 평온했다. 그리고 집행인이 앞가슴 주머니에 꽂아놓은 숟가락 하나, 그 숟가락이 시신을 조롱하고 있었으나 그것을 보고 웃은 사람은 없었다.

— 현기영, 『지상에 숟가락 하나』 중에서

그 주검의 주인공은 이덕구였다. 예수처럼 십자가에 매달려 잠자는 평온한 모습으로 전시된 그의 시신 앞가슴 주머니에 꽂혔던 숟가락 하나. 숟가락은 목숨을 상징한다. 사람은 마지막까지 먹어야 산다. 무장대를 이끈 지도자도 먹어야 산다. 어쩌면 그는 사람들이 자신들의 먹을 것을 빼앗기지 않고 살 수 있는 평등한 세상을 꿈꾸었을지도 모른다. 제주 4·3에 대한 역사적인 해석을 거창하게 붙인다 해도 결국은 먹고사는 문제, 즉 생존의 문제로 싸웠던 것이 아니었을까.

미군정의 폭정, 이승만 정권의 단독정부 수립 움직임에 맞선 무장투쟁은 생존권을 위협받는 제주도민의 전폭적인 지지와 분노가 있었기 때문에 가능했다. 인권은 생명권, 안전권을 포함하는 생존권에서 시작되는데 미군정과 이승만 세력은 이를 부정하고 제주도민에게 노예의 삶을 강요했다. 이런 관점에서 무장대의 투쟁은 재평가되어야 한다는 생각이다.

이덕구는 제주시 조천읍 신촌리 사람이다. 신촌리에 가면 이덕구의 가족묘가 있다. 그 가족묘는 일본으로 도망쳤던 집안 사람이 훗날 다시 단장을 했다고 하는데, 이덕구의 가족은 4·3 때 어린아이까지 몰살당했다. 그렇게 죽이고도 분이 풀리지 않은 토벌대는 가족묘 비석들에까지 총질을 했다. 총에 맞아 동강난 비석들이 새로 단장된 가족묘 뒤편에 있다.

이덕구의 집안은 부유했다고 한다. 그는 일본 교토의 리쓰메이칸대학 경제학부 출신이다. 대학 재학 중 1943년 학병으로 관동군에 입대했다가 해방 뒤에 제주도로 돌아와 신촌중학교에서 역사와 체육 교사로 근무했다. 남로당 제주도당의 4·3 봉기 때 제주도 인민유격대 3·1지대장을 맡아 제주읍, 조천읍, 구좌읍을 중심으로 활동했다고 알려졌다.

제주공항에서 가까운 거리에 있는 관덕정(보물 제322호)은 제주 4·3사건의 시발점이 되었던 1947년 3·1운동 기념식 장소이자, 이덕구의 시신이 전시되었던 장소이다. 제주 4·3은 여기서 시작해서 여기서 사실상 종결되었기 때문에 중요한 역사의 현장이다. 관덕정은 본래 조선 후기 제주도의 심장부와 같은 역할을 했다고 한다. 조천읍이 쇠퇴하고 제주읍이 제주도의 중심이 되던 시기에 세워져서, 작은 정자가 아니라 넉넉하고 풍채 좋은 모습이다.

내가 이덕구 산전을 처음 찾은 것은 2014년 이른 봄이었다. 과거 미군정의 분단정책에 반대하는 무장대의 활동과, 그와 함께 남한만의 단독선거에 반대했던 제주도민들의 투쟁은 제대로 평가되지 못했다. 제주 4·3이 아직 제대로 이름을 갖지 못한 것은 이런 이유들이 뒤섞여 있기 때문일 것이다. 아직 공백으로 남아 있는 무장대의 활동에 대해 궁금한 마음에 그곳을 찾고 싶었다.

　　처음 찾아가는 길이라서 다큐멘터리 〈레드 헌트〉의 감독 조성봉의 안내를 받았다. 사려니숲의 동쪽 절물휴양림 쪽 입구 안내소에서 새왓내숲길로 500미터를 더 가면 천미천이라는 작은 내가 있다. 이 내를 지나면 사려니숲길의 본류에서 벗어나 외곽으로 도는 길인데, 거기는 평범한 숲길이고, 사려니숲에서 보던 울창한 숲과는 인상부터가 다르다. 천미천을 지나자마자 바로 옆으로 난 임도를 따라 올라가다가 출입금지 팻말을 무시하고 길을 오르다가 4·3유적지 팻말이 보이는 곳에서 숲으로 들어가야 한다. 여기서 한눈을 팔면 길을 잃기 십상이다.

　　그렇게 도착해보니 이덕구가 그곳에 은거지를 만든 이유를 알 것 같았다. 천미천에는 항상 물이 흐른다. 천미천의 상류를 따라서 한라산으로 연결되는 지형이므로 토벌대를 피해 그곳을 근거지로 삼으면 한라산으로 올라서 각 마을로 흩어질 수 있다. 외부에서는 이곳이 잘 보이지 않지만 이곳에서는 외부를 관찰하기 좋은 지형이다. 안전하게 토벌대의 움직임을 살필 수 있는 곳이니 이곳이 이덕구에게는 안성맞춤이었을 것이다.

　　그곳에는 70년도 더 지난 지금도 당시의 흔적들이 남아 있다.

남아 있는 이덕구 산전의 흔적.

돌이끼를 짙게 이고 있는 돌들이 아마도 움막이었던 듯한 자리 주변에 둘러져 있다. 그런 곳이 몇 군데다. 그 안에 깨진 사발이며 가마솥이 놓여 있다. 모두 허물어져 있어도 사람이 살았던 곳임을 알 수 있다. 이곳에서 한라산의 그 혹독한 겨울의 눈바람을 피하며, 토벌대의 추격을 따돌렸을까.

　　한라산을 거점으로 일제가 남기고 간 소총들로 무장한 수백 명의 무장대는 토벌대가 중산간마을을 해안 지역으로 소개한 뒤에 더욱 고립되었고, 그만큼 활동은 줄어들었다. 이덕구는 이 산전 근처에서 1949년 6월 7일에 토벌대에 사살당한 뒤 앞서 말한 것처럼 관덕정에 시신으로 전시되었다. 웃옷 주머니에 숟가락 하나를 꽂은 채. 그게 이 비운의 지식인의 마지막 모습이었다.

청동제상에 막걸리를 올리고 재배를 하는데 나름 비감해진다. 이덕구 산전 입구에 문정현 신부가 서각으로 새긴 비목이 서 있었다.

아무런 이유 없이
억울하게 죽은 게 아니다
죽어서 아무런
이유가 없어져버린 것이
억울한 것이다!

무장대는 폭도 중의 폭도로 낙인이 찍혀 있다. 그들은 4·3평화공원 표지석에 이름을 올리지도 못한다. 토벌에 앞장섰던 이들, 즉 학살 가해자들은 이런저런 유공자로 국가로부터 예우를 받고 있지만, 반공국가 대한민국에서 무장투쟁을 제대로 평가받는 일은 아직 멀기만 하다. 토벌대의 수악주둔소나 민오름주둔소가 나름 잘 보전되어 있고, 그들의 묘나 위령비가 잘 정비되어 있다. 그에 비해서 이곳 이덕구 산전의 흔적이 거의 사라진 폐허처럼 남아 있고, 4·3 당시 의귀국민학교 전투에서 사망한 무장대의 시신이 묻혀 있는 송령이골도 방치되어 있다가 민간에서 관리하고 있다. 공식적인 역사 속에 진입하지 못한 제주 4·3의 아픈 한구석이다.

무장대는 미군정과 이승만 세력의 폭력과 억압에 맞서 봉기했고 무장투쟁을 이어갔다. 이덕구와 무장대의 봉기 이유는 지지받을 수 있는 명분을 충분히 갖고 있었다. 삶의 벼랑 끝에 몰린 제주도민을 구하기 위한 것 자체만으로는 인권적 정당성도 부여할 수 있다. 그렇지만 무장투쟁을 이어가는 과정에서 무장대 또한 토벌대와 마찬가지로 학살을 저질렀다. 자신들의 투쟁력을 유지하기 위해서든, 토벌대의 학살에 보복하기 위해서든 그들의 학살은 정당화될 수 없다.

잃어버린 마을과 무명천 할머니

제주 4·3사건 70주년이던 2018년 2월 하순, 인권활동가들과 함께 4·3유적지를 돌았다. 그런 중에 현지 해설사의 안내로 잃어버린 마을 동광리 무등이왓에서 도너리오름 서남쪽에 있는 동광리 큰넓궤(큰 동굴이라는 뜻)에 들어간 적이 있다.

동굴 입구는 쇠창살로 막아놓았는데, 그 사이로 몸을 밀어넣으니 수직굴이 나왔다. 사다리를 타고 내려가니 넓은 장소가 나온다. 물이 한 방울 한 방울 떨어지는 동굴 천장에는 박쥐가 잠을 자고 있었다. 바닥은 돌이 가지런히 깔려 있다고는 하지만 삐죽삐죽 나와 있어서 결코 고르다고 할 수 없다. 더 들어가니 폭도 좁고 높이도 낮아서 낮은 포복으로밖에 갈 수 없었다. 머리에 안전모를 하지 않았다면 당장 머리가 박살났을 터다. 그렇게 20미터쯤 기어가자 더 넓은 곳이 나온다. 지름이 180미터라고 하니 제법 큰 공간이다.

무등이왓과 인근 마을 주민 120명이 이곳에서 50일 동안 토벌대를 피해서 살았다. 다랑쉬오름 근처 다랑쉬굴이 발견되었을 때는 사람들이 살았던 흔적들이 고스란히 남아 있었는데(제주 4·3평화기념관에 재현해놓은 그 모습이다), 이곳에는 그런 흔적은 찾아볼 수 없다. 아마도 다랑쉬굴은 사람 손을 타지 않았던 반면에 이곳은 사람들이 드나들었기 때문일 것이다.

마침 해설사가 전등을 꺼보자고 했다. 모두가 불을 끄니 바로 옆 사람도 볼 수 없었다. 생전 경험하지 못한 칠흑 같은 어둠, 그것만으로도 공포였다. 영화 〈지슬〉에 나오는 장면이 떠올랐다. 이곳에 몰려서 지슬(감자)로 겨우 연명하면서 숨죽이며 살아야 했던 사람들. 그러나 결국은 발각되고 이곳에 피신했던 사람들은 굴을 빠져나와 한라산으로 갔다. 그러다가 한라산 영실 인근에서 붙잡히고, 이후 정방폭포 인근에 수용되었다가 그곳에서만 40명이 학살당했다. 정방폭포는 천제연과 함께 제주의 대표적인 폭포인데, 이곳에는 제주 4·3유적지라는 팻말 하나 없다. 관광객들이 싫어해서란다.

큰넓궤에 피신했던 이들 중에 당시 열한 살이었던 홍춘호 할머니도 있었다. 할머니는 여든이 넘은 나이에도 허리가 굽지 않았고, 노인답지 않게 발음도 정확하다. 작달막한 키에 자글자글 주름이 얼굴에 가득했지만, 기억력은 또렷해서 당시의 날짜까지 기억했다. 홍 할머니는 큰넓궤에 살면서 하도 목말라서 동굴 천장에서 떨어지는 물방울이 바닥에 고이면 그걸 혓바닥으로 핥아먹고는 했단다. 그리고 동굴에 갇혀 살다보니 너무 밖에 나가고 싶을 때는 밤에 하늘이라도 한번 보게 해달라고 아빠를 조르기도 했다.

토벌대가 200여 가구가 살던 동광리에 쳐들어온 것은 1948년 11월 15일이었다. 제주 4·3사건 진상조사보고서에 따르면, 1948년 10월 17일 토벌대장이었던 송요찬 9연대장은 "해안선에서 5킬로미터 이상 떨어진 지역은 적성구역으로 간주하고 그곳에 출입하는 사람들은 무조건 사살하겠다"는 포고령을 발표한다. 하지만 이런 계엄령 소식을 듣지 못한 중산간마을 사람들은 평소처럼 살고 있었다. 그때부터 토벌대는 집에 불을 질러서 밤이면 온통 하늘이 붉었고, 매일 학살이 자행되었다. 그래서 피해 들어간 게 큰넓궤였다.

> "마을 사람들이 밭이나 돌 틈, 굴속에 숨어 살았어. 낮에는 숨고 밤에는 나와서 집에 가서 먹을 것도 구해오고 했지. 어느 날은 순경들이 마을 밖에 잠복해 있었어. 숨어 있던 사람들이 밖으로 나오니까 토벌대가 가운데로 몰아넣어서 죽창으로 다 찔러 죽였어. 총도 안 썼어. 죽창으로 죽이니까 더 고통스럽고 잔인하지. 총은 한 번에 죽는데 죽창은 계속 찌르니까. 한 아기엄마는 칙간(뒷간)으로 굴러 들어가서 살았어. 근데 토벌대가 그 엄마네 아기 엉덩이를 죽창으로 계속 찌르는 거야. 아기 엉덩이가 다 해지도록."
>
> — 이상은, 〈단비뉴스〉 2018년 4월 1일자 기사 중에서

홍춘호 할머니는 4·3 통에 남동생 셋을 잃었고, 아버지도 돌아가셨다. 그때 태어났던 남동생이 여덟 살 되던 해에 어머니마저 돌아가셨다. 가족 중에 할머니와 남동생만 살아남았다. 어린 나이에

너무 많은 죽음을 보았다. 그는 정방폭포 인근 단추공장에 집단수용되어 있다가 어린아이 돌보는 식모로도 갔다. 마을로 돌아와서도 폭도라는 낙인 때문에 집도 제대로 구할 수 없었고, 먹을 것도 구할 수 없었다고 했다. 폭도로 낙인찍힌 사람들의 집과 땅은 다른 사람들의 손에 넘어 가 있었어도 뭐라고 항의조차 할 수 없었다고 한다. 한 마을 안에서도, 심지어 한 집안 안에서도 가해자와 피해자가 뒤섞여 있는데, '폭도'로 낙인찍힌 피해자가 자신들의 집과 토지에 대한 소유권을 주장하기란 쉽지 않았을 것이다.

동네에서 사람들이 죽어가는 모습을 지켜본 열한 살의 홍춘호. 그가 또렷이 기억해서 들려주는 이야기들을 여기에 다 옮기지 못하겠다. 70년 동안 가슴 속에 묻어두었던 그때의 끔찍했던 기억을 안고 살아가는 할머니. 동생들이 죽어갈 때의 비참함을 말하면서 할머니의 눈에 눈물이 고였다. 이제 할머니는 그곳을 찾는 사람들에게 무등이왓을 설명하는 해설사 역할을 하고, 텔레비전에도 출연한다. 그는 제주 4·3의 살아 있는 증언자다.

이제 진아영 할머니 삶 터가 있는 제주시 한림읍 월령리로 간다. 진아영 할머니가 토벌대의 총을 맞고도 가까스로 살아나 50년을 지낸 곳이다. 이곳은 국내 유일의 백년초 선인장 자생 지역이다. 진아영 할머니는 이곳에서 선인장 열매를 따고 톳을 따서 겨우겨우 생활했다. 턱이 총알에 날아가서 무명천을 대고 살아야 했다. 생전에 사람들에게 절대 천을 끄르는 모습을 보여주지 않았다. 진통제와 약을 먹으며 견딘 세월이었다.

김동만 감독의 다큐멘터리 영화 〈무명천 할머니〉 이후 진아영 할머니는 '무명천 할머니'로 더 알려졌다. 이 영화에서 할머니는 처음으로 자신이 살던 곳을 찾아간다. 그곳에 가니 비명이 흘러나온다. 말을 하되 알아들을 수 없는 말. 그게 4·3을 겪은 제주 여성의 말이 아닐까. 4·3을 겪은 여성들은 지금도 여전히 제대로 말을 못하고 있다. 여성들이 당한 성폭력을 비롯한 폭력들에 대해서 우리 사회가 들을 준비가 되어 있을 때, 제주 여성들은 그제야 말을 할 수 있을 것이다. 제주 사람들은 종종 "살암시민 살아진다(살다보면 살게 된다)"는 말을 하고는 한다. 제주 4·3 때의 이야기를 듣다 어떻게 그리 끔찍한 일을 당하고도 살 수 있었냐 물으면 으레 하는 말이다. 제주도는 고통이 사람의 몸속에, 기억 속에 안으로 안으로 곰삭은 섬이다. 진아영 할머니는 2004년에 향년 90세로 한 많은 생을 마감했다.

알뜨르비행장과 백조일손지묘

제주도 남서쪽 마라도가 건너다보이는 곳에 송악산이 있다. 송악산은 신령스러운 산방산 인근에 있고, 북동쪽 멀리로는 한라산이 보인다. 바다 쪽으로는 사구 절벽이 해안선을 이루고, 그곳에서는 마라도로 향하는 배가 떠난다. 드넓은 그 앞바다는 태평양으로 이어진다. 송악산에 오르면 꽉 막힌 가슴도 시원하게 뚫리는 것만 같다.

송악산 해안동굴을 보고 알뜨르(앞뜰이란 뜻)비행장으로 넘어오면 섯알오름이 있다. 알뜨르비행장에는 일제 말 가미카제 특공대가

알뜨르비행장의 비행기 격납고.

타고 나갔던 소형 전투기를 숨겨두던 비행기 격납고 19기가 그대로 너른 밭 가운데에 남아 있다. 그 앞에 활주로를 만들어서 일본군 비행기가 미군 전함에 자살하러 가기 위해 뜨던 그런 곳이다. 일제는 2차대전 막바지에 제주를 최후항전의 기지로 만들었다. 6만 명의 일본군이 이곳에서 항전의 태세를 갖추었고, 제주도 전역을 군사기지화했다. 그런 흔적들을 찾아볼 수 있으니, 『제주기행』을 쓴 주강현 전 제주대 석좌교수는 이곳에 오면 화약냄새가 난다고 했다.

알뜨르비행장에 갈 때마다 바람이 거셌다. 제주의 거센 바람이 하루도 잠잘 날이 없었다. 알뜨르비행장의 끄트머리에 거대한 대나무 조형물이 있고, 그 안쪽으로 들어가면 섯알오름이다. 일제는 섯알오름 분화구에 탄약고를 만들었다. 해방 뒤에 진주한 미군은 제주도의 일본군 무기들을 모아서 이곳에서 해체하거나 폭파시키기도 했고, 인근 바다에 수장하기도 하면서 무장 해제시켰다. 그때의 장면은 대정읍 마을 박물관에 가면 영상으로 볼 수 있다.

　　1950년 한국전쟁이 일어났고, 그해 7월에는 전국에서 보도연맹원들에 대한 학살이 대대적으로 일어났다. 보도연맹은 이승만 정권이 공산주의자 등 좌익전력이 있는 전향자들을 관리하기 위해 만든 단체인데, 보도연맹원을 지역별로 할당해서 모았기 때문에 사상 전력이 없는 이들도 많이 포함되었다. 전쟁이 일어나자 전국의 보도연맹원을 집합시켰고, 이들을 북한에 동조할 세력으로 간주하여 학살했다. 제주도에서도 마찬가지였다. 예비검속으로 잡혀온 보도연맹원들은 모슬포의 한림어업 창고와 모슬포 절간고구마 창고에 갇혔다가 그해 8월, 칠석날 새벽에 이곳으로 끌려와서 학살당했다. 동도 트기 전에 트럭에 실려오던 이들은 죽음을 직감하고 자신들이 가는 길을 고무신을 던져서 표시했다고 했다. 나중에 고무신을 따라서 찾아온 가족들은 학살당한 가족들의 시신을 수습하지도 못했다. 군인들이 경계를 서면서 유족들의 접근을 막았기 때문이다.

　　학살 이후 6년이 지난 1956년 3월 30일, 시신 63구를 수습해서 만벵듸 공동묘지로 옮겼고, 5월 18일에는 132구의 시신을 수습해서 서귀포시 대정읍 상모리 백조일손지묘로 안장했다. 그런데 6년 동안이나 방치되어 있었기 때문에 누구의 시신인지를 도저히 구분

서귀포시 대정읍 상모리 백조일손지묘.

할 수 없었다고 한다. 뒤엉킨 유골들을 어른 남녀, 그리고 어린아이의 뼈를 대강 맞추어서 안장을 했고, 살아남은 자손들은 모두 이분들의 후손, 즉 백百 조상의 한 후손이란 의미의 '백조일손'이란 명칭을 붙였다고 한다.

상모리 끝, 우뚝 솟아오른 산방산이 왼편으로 보이고, 봄이면 유채꽃이 넓게 펼쳐지는 들판의 한곳에 자리한 백조일손지묘. 그만그만한 묘지들이 가지런히 놓여 있는데, 그곳에서 눈에 띄는 것은 추모비에 새겨넣은 태극기다. 대한민국에서 학살당한 사람들의 묘에 대한민국을 상징하는 태극기라니. 추모비 옆에는 유리관이 있는데, 쪼개진 돌조각들이 그 안에 놓여 있다. 1960년 4월혁명 뒤에 이승만 정권에 의해서 학살당했던 이들의 유족들은 전국에서 유족회를 만들고 신원伸寃운동을 벌였다. 그때 세웠던 추모비였는데, 다음 해 5·16쿠데타를 일으킨 박정희 세력에 의해서 이 추모비는 깨졌다. 전국에서 동시에 일어난 일이었다. 억울함을 풀어달라는 유족들을 국가보안법으로 잡아가고 추모비도 깨고, 파묘를 해버리는 망나니짓을 했다. 그 뒤 1987년 6월항쟁으로 민주화가 되기까지 긴 침묵의 시간을 유족들은 인내해야 했다.

2014년 봄에 그곳을 찾아보고 나오려다가 백조일손지묘 너머의 비석 하나가 눈에 들어왔다. 사계리 공동묘지에 있는 충혼비였다. 두 묘지는 그러니까 상모리와 사계리가 경계를 이루는 곳에 거의 머리를 맞대고 있었다. 백조일손지묘를 나와 그곳 충혼비에 가서 보니 여기에도 두 개의 태극기가 좌우로 벌어져 있는 가운데에 무궁화가 그려져 있고, 국군을 표시하는 별 마크가 새겨져 있다. 관에서 만든 비석인 것 같았다.

사계리 충혼비 앞에 서니 만감이 교차했다. 초창기 해병대의 주력은 제주도 출신들이었다고 했다. 그들은 죽기 살기로 싸워서 귀신 잡는 해병의 신화를 만들었고, 인천상륙작전에서도 혁혁한 공을 세웠다고 한다. 그들이 죽기 살기로 싸운 이유는 제주 4·3 때문이다. 폭도, 좌익의 누명을 벗기 위해서 대한민국에 충성하는 모습을 보여야 할 필요가 절실했다. 육군으로 전쟁에 나가서 전사한 그들도 다르지 않았을 것이다. 자신의 가족들을 학살한 군에 자원입대하고 전쟁 중에 나가서 전사한 이들. 4·3 이후 제주도민은 일본으로 밀항하거나 이처럼 군에 자원하거나 심지어는 반공청년단에 입단해서 자신에게 들씌워진 공산폭도의 누명에서 벗어나고 싶었다. 그렇지만 제주도민은 연좌제의 굴레를 벗어날 수 없었다.

전쟁에 나가서 전사한 사계리 청년들의 비석 앞에서 제주도민의 끔찍했던 세월을 헤아려보려 했다. 진심으로 그들을 생각하며 고개 숙여 묵념을 올렸다. 저 세상에서는 폭도의 누명을 벗었을까. 이들의 죽음으로 다른 가족들은 폭도의 가족이 아닌 전사자의 가족으로, 그래서 당당한 대한민국 국민의 지위를 얻을 수 있었을까.

해원되지 않은 원혼들의 땅

4·3유적지를 중심으로 돌다보면, 제주도는 영락없이 귀신들의 땅이다. 해원되지 않은 원혼들이 곳곳에 있다. 사람들의 발길이 닿는 곳, 닿지 않는 곳, 어딘들 원혼들이 없는 곳이 없다. 그러나 제주의 역사에서 학살은 4·3 때만 있었던 게 아니었다. 19세기에도 민란이 진압될 때마다 학살이 뒤따랐다. 『제주기행』에는 다음과 같은 대목이 나온다.

탐관오리의 횡포에 분노하던 민중의 정서를 이용하여 제주 독립을 꾀하다가 동료의 밀고로 끝난 양제해 모변(1811년), 세도정치의 여파로 전국적으로 벌어진 임술농민봉기의 제주판인 강제점

의 난(1862년), 독립국을 꿈꾸며 일어난 방성칠의 난(1898년), 세폐
와 교폐에 저항한 이재수란(1901년) 등이 연이어 일어났다.

일제강점기에도 일제에 맞선 해녀들의 저항이 있었던 곳이다.
제주도는 끊임없이 저항하고, 그때마다 학살의 아픔을 경험했다. 그
래서 좀 더 깊이 들여다보면 제주의 역사는 원한의 역사다. 제주는
'육지 것들'에 고스란히 당해야만 했던 서러움의 역사를 간직한 슬
픔의 섬이다. 풀리지 않은 원혼들이 켜켜이 쌓이고 쌓여서 오늘의
제주가 있으니, 1만8천 신들이 필요했는지 모른다.

아직 정식 이름을 얻지 못해서 백비를 일으켜 세울 수 없는 제
주 4·3사건은 이후 한국사에 절대적인 지형을 만들어냈다. 반공국
가 대한민국은 이곳에서 출발했다. 국가보안법이 제주 4·3을 배경
으로 탄생했고, 이로 인해 이념의 장벽은 남과 북을 가르고, 남한에
서도 정치적 분단을 만들어냈다. 반공의 장벽을 조금이라도 넘을 것
같으면 곧바로 '빨갱이'라는 올가미가 씌워졌다. 빨갱이는 단순히
사상이 붉다는 것만을 의미하지 않았다. 빨갱이이므로 죽여도 좋다
는 허가증이 같이 나왔고, 빨갱이 가족이므로 연좌제를 동원해서 사
회 밖으로 추방했다. 사상과 표현의 자유는 원천적으로 봉쇄되었다.
이념을 앞세운 철저한 인권유린이 용인되는 세상이 열렸고, 그 안
에서 국민들은 숨죽이며 권력에 복종할 수밖에 없는 억압의 체계가
완성되어갔다. 제주 4·3은 제주도민만의 고통으로 끝나지 않았고,
전 국민에게 지대한 영향을 미쳤다.

모진 세월을 견뎌낸 제주도민들의 인권과 평화를 향한 끈질긴

저항은 이제 새로운 국면을 맞고 있다. 2003년 정부의 진상조사보고서가 발표된 이후 4·3평화공원이 세워졌고, 국가추념일로 지정되었다. 70주년인 2018년을 전후해서 제주 4·3이 새롭게 인식되고 있고, 최근에는 무고하게 감옥살이를 했던 수형자들이 재심을 통해 무죄를 선고받는 등 피해자들의 명예를 회복하기 위한 노력이 이어졌다. 유해 발굴 작업도 진행 중이다. 제주4·3평화재단은 진상조사 작업을 추가로 진행해서 토벌대에 의해 사라진 마을을 더 밝혀냈고, 행방불명자도 추가로 확인했다. 그 결과물을 2020년 추가진상조사 보고서 1권으로 발표했다.

"제주 4·3은 대한민국의 역사입니다." 제주 4·3 70주년을 맞아 제주가 내걸었던 대표적인 슬로건이다. 대한민국은 제주 4·3의 학살 위에서 탄생했다. 그리고 추가적인 진상조사 작업을 계속하여 지금까지 명백히 밝혀지지 않는 미군정의 학살 지휘 책임을 물어야 하고, 가해 집단에 대한 더욱 정확한 사실을 확인해야 한다. 아직도 드러나지 않은 피해자들을 더 찾아내 그들이 이제까지 숨겨왔던 고통들에 귀를 기울여야 한다. 또한 여성들이 당했던 성폭력에 대해서도 진실을 밝혀야 한다.

제주 4·3 피해자의 명예를 회복하는 일은 대한민국에서 인권운동의 중요한 진전이 될 것이다. 제주도에 다시 가는 날, 아직 제대로 깊이 들여다보지 못한 더 많은 사연들에 더 귀를 기울이리라 생각했다.

전쟁기념관

전쟁을
기억하는
방식

전쟁을 기념한다는 말

전쟁을 기억하는 게 아니라 '전쟁을 기념한다'는 말은 무슨 뜻일까. 전쟁은 인명과 산업과 생활과 자연을 무자비하게 파괴한다. 1차대전 이후 전쟁은 총력전의 양상을 띠었고, 이에 따라 전쟁의 피해자는 전장에 나가는 군인들이나 그 가족들로 한정되지 않았다. 갖고 있는 모든 역량을 총집결하여 죽기 살기로 싸우는 전쟁에서 승리하든 패배하든 돌이킬 수 없는 후과를 남기게 마련이다. 전쟁을 기억한다는 것은 전쟁의 상처에 대한 성찰과 다시는 반복되어서는 안 된다는 다짐으로 연결될 수밖에 없다. 반면에 전쟁을 기념한다는 말에는 승리한 전쟁, 전쟁의 영웅 등을 기린다는 뉘앙스가 담겨 있다.

세계인권선언은 2차대전에 대한 인류의 반성 속에 탄생했다. 세계인권선언 전문에서는 "인권에 대한 무시와 경멸"이 불러온 전쟁이라는 비극을 "인류의 양심을 모독한 만행"으로 평가하고 있다. 그리고 전쟁이 없기를 염원하면서 인권의 가치를 실현할 것을 다짐한다. 현대 인권의 개념은 바로 거기에서 시작되었다.

그러나 세계인권선언의 이런 바람은 문서로만 남았고, 2차대전 이후에도 세계는 강대국들의 이익에 따라서 크고 작은 전쟁들이 끊이질 않았다. 한국전쟁은 유엔 창설 이후 현대의 전쟁이 얼마나 잔인할 수 있는가를 보여주는 출발점이었다. 100만 명에 이를 것으로 추산되는 남한의 집단학살을 포함해 인간의 생명이 휴짓조각보다 더 값없이 취급되었던 그런 전쟁을 우리는 어떻게 기억하고 있을까? 그것을 알아보려면 '전쟁을 기념'하기 위해 세운 전쟁기념관에 가봐야 한다.

서울 용산의 국방부 앞에서 기자회견을 마치고 시간이 남아서 시간 때울 요량으로 근처 전쟁기념관에 가본 적이 있었다. 기념관 입구의 남북 형제가 부둥켜 안은 조형물 〈형제의 상〉이 인상적이었지만, 역시나 남의 형이 북의 아우를 끌어안는 모습에서 남북이 동등한 자격으로 그려지지 않았다. 키 큰 형은 총을 메고 군복을 입었고, 인민군 복장의 동생은 총도 없고 무언가 열등하게 보인다. 형제의 상 안쪽으로는 두 소녀가 시계를 들고 있는 조형물 〈평화의 시계탑〉이 있는데, 한 소녀는 한국전쟁 발발 때의 시각을 보여주는 시계를 들고 있고, 다른 한 소녀는 현재의 시각을 보여주는 시계를 들고 있다. 전쟁과 함께 멈춰버린 시간과 현재의 시간을 대비하면서 통일과 평화를 염원한다고 설명되어 있다.

기념관 정면에는 거대한 청동검을 형상화한 조형물이 있다. 검의 주위로 전쟁에 참여했던 인물들을 매우 사실적으로 배치해놓았는데, 전쟁기념관의 설명에 따르면 한국전쟁 정전 50주년을 맞아 전후세대들의 안보의식 고취를 위해 만들었다고 한다. 전쟁기념관 야외에는 한국전쟁 때 사용했던 B-52 폭격기, T-34 탱크를 비롯한

한국전쟁 때 사용되었던 탱크. 폭격기와 각종 무기들도 전쟁기념관 야외에 함께 전시되어 있다.

각종 무기 160여 점이 전시되어 있다. 그중 제2연평해전 때의 전투함에는 북한군의 공격으로 벌집이 된 참수리함을 재현해놓았다. 그런데 사람을 죽이는 데 쓰이는 무기들 위로 어린이들이 놀이기구처럼 올라가기도 하고, 그 앞에서는 가족사진을 찍기도 한다. 전시자의 목적이 전쟁을 친근하게 느끼도록 하는 것이라면 그 의도는 충분히 달성되고 있는 것 같다.

　　전시관 내부로 들어가본다. 이곳에는 선사시대부터의 전쟁사를 기록하고 있지만, 사실 목적은 분명해 보였다. 한국전쟁을 승자의 입장에서 기념하는 것이다. 그곳에 평화는 없었다. 조국을 지키는 국군과 이를 도왔던 유엔군에 대한 찬양, 섬멸해야 할 적인 북한에 대한 적대감이 두 축을 이루며 이승만은 국부로 숭상해야 하고 전쟁을 통해서라도 통일을 이루어야 한다고 주장한다. 게다가 전쟁을 게임하듯이 체험하게 만든 전시물을 가볍게 즐기고, 반공정신으로 무장한 참전용사의 전시해설을 듣는 학생들을 보면 다시 한번 이 기념관의 존재 이유를 깨닫게 된다.

우연한 첫 방문 뒤에 몇 번이고 전쟁기념관을 찾았다. 전쟁에 대한 우리 사회의 인식을 이만큼 잘 보여주는 곳이 많지 않으니 주위의 사람들에게도 한 번쯤 가보라고 권했다. 내가 직접 전쟁기념관을 설명하는 해설사로 나서기도 했다. 내가 대표로 있는 '열린 군대를 위한 시민연대'에서는 회원들과 함께 전쟁기념관을 방문해왔는데, 2019년 6월부터는 전쟁기념관을 평화기념관으로 바꾸자는 캠페인을 하고 있다. 평화의 관점, 인권의 관점으로 전쟁을 이해할 수 있도록 이 기념관을 바꾸자는 것이다.

전쟁기념관 하나를 바꾸면

전쟁기념관은 1994년에 개관했다. 2011년에는 연간 관람객이 150만 명을 넘었고, 2014년부터는 매년 200만 명 이상이 방문했다. 그리고 2019년 8월에는 누적 관람객 수가 3천만 명을 돌파했다. 한 달이면 10만 명도 넘는 이들이 찾는 국내 최대의 기념관이다. 이곳에는 언제 가도 사람들로 북적인다. 평일에는 유치원생 아이들부터 초등학생, 중학생들까지 야외전시장, 기념관 내부 할 것 없이 가득가득하다. 노인들도 많고 외국인들도 심심치 않게 눈에 띈다.

그리고 전쟁기념관에서는 미술 전시회와 음악회, 그 밖의 각종 행사가 열리기도 한다. 어린이박물관도 따로 있고, 결혼식도 종종 열린다. 이렇게 전쟁기념관으로 유입하는 요소들이 많다. 서울 지하철 삼각지역에서 나오자마자 있으니 접근성이 좋아서 그럴 것이다. 서울시 지도를 놓고 찾아보면 용산이 서울의 중심에 있고, 그 가운데가 용산 미군기지다. 지금은 평택 미군기지로 미군 사령부 등이 이전하고 아주 축소된 규모만 유지된다고 하는데, 용산 미군기지에 둘러싸인 국방부, 그리고 그 건너편의 전쟁기념관, 미국의 보호를 받는 속국의 이미지를 이보다 더 상징적으로 잘 보여주는 장소를 찾기는 힘들다. 역사적으로도 이 자리는 일본군이 조선 침략을 위해서 주둔하기 시작한 곳이고, 일제 때 일본군 사령부가 위치했던 곳이고, 해방 뒤에는 미군사령부가 지금까지 주둔해 있는 곳이며, 육군 본부가 계룡대로 이전하기까지 있던 곳이기도 하다.

노태우 정권에서 이 전쟁기념관을 지을 때, 국방부 장관은 이상훈이었다. 당시 그는 "최근 사회 일각에서는 체제 전복을 꾀하는 좌익 세력들이 준동하고 있다. 이러한 시기에 전쟁기념관을 건립하여 올바른 호국정신을 함양시키고자 하는 것은 매우 뜻깊은 일이다"라고 말하며 이 전쟁기념관이 "후세에 안보의 성역이 되리라"는 믿음을 표현했다. 그에게 한국 사회의 민주화는 '좌익 세력들의 준동' 탓에 '국가안보가 도전받는' 상황으로 인식되었다. 아마도 국방부 관료들만이 아니라 이 나라의 수구·보수 세력의 인식이 대체로 이럴 것이다. 그렇게 '국가안보관'을 튼튼히 할 수 있는 기념관은 기공한 지 4년 만에 개관했고, 그의 말마따나 이곳은 '안보의 성역'이 되었다.

용산 전쟁기념관은 하나의 기념시설이 아니다. 한국전쟁에 대한 기념시설들은 박정희 정권 이후 역대 정권에서 꾸준히 만들어졌다. 『전쟁 기억과 기념의 문화정치』란 책에 정호기 교수가 전국의 전쟁기념 시설들을 정리한 논문 「한국의 전쟁 기억과 전쟁박물관들의 형성」이 실려 있다.

그 내용을 요약하면, 박정희 정권에서는 육사, 해사, 공사 내에 기념관들을 비롯해 9개의 전쟁 관련 기념시설이 만들어졌다. 전두환 정권에서는 다부동 전적기념관, 인천상륙작전 기념관 등 4개, 노태우 정권에서는 백마고지 전적기념관 등 6개 시설이 만들어졌다. 김영삼 정권에서는 용산 전쟁기념관과 화진포 역사안보전시관 등 2개, 김대중 정권에서는 양구전쟁기념관 등 8개 시설이, 노무현 정권에서는 박진기념관 등 4개 시설, 이명박 정권에서는 베트남참전기념관 등 6개의 전쟁 기념시설이 만들어졌다.

그런데 다른 지역의 전쟁기념관들은 주로 특정 전투의 승리를 기념한다든지 하는 부분적인 내용이 주라고 한다면, 용산 전쟁기념관은 종합적인 기념관으로, 전국에 있는 한국전쟁 기념시설의 중심을 이루고 있다. 용산 전쟁기념관의 전시내용이 전국의 한국전쟁 기념시설의 지침이 되니, 이 기념관 하나를 바꾸는 일은 전국의 전쟁기념관들을 바꾸는 일이기도 하다.

한국전쟁 전사자 명비.

가려둔 전쟁의 이면

전쟁기념관 건물은 그리스의 아테네 파르테논 신전을 연상시키는
형태다. 아마도 유엔군의 참전을 기리기 위한 의도에서 이런 건축물
이 만들어진 듯하다. 좌우에 거대한 기둥이 도열해 있는 회랑이 있
고, 좌우 회랑 가운데에는 연못을 만들었다. 그 회랑에는 한국전쟁

때의 전사자들의 이름이 새겨진 명비가 있다. 수많은 이름들이 새겨진 기둥들을 따라서 가다보면 중앙의 입구에 다다른다. 입구에 들어서면 정면이 호국추모실이다. 천장과 벽, 바닥까지 잘 만든 조각과 부조물 들이 있는데, 중앙 천장에서 직선으로 하강하는 한 줄기 빛이 둥근 사발 모양의 큰 그릇에 닿는다. 바로 그 자리에 샘물이 솟는다. 추모의 감정이 샘솟듯 끊임없이 솟아오름을 표현하고 있다.

전체 기념관의 도입부에 속하는 전쟁역사실은 건너뛰어도 괜찮다. 선사시대부터의 전쟁 역사를 그리고 있는 곳이라서 국사 교과서 정도의 내용을 담고 있다. 그런 전시는 이 기념관이 아니어도 볼수 있으니 말이다. 1만여 평 규모에 9천여 점의 전쟁기록들이 있는데, 70퍼센트 이상은 한국전쟁과 관련된 내용이고, 한국전쟁을 통해서 호국정신을 보여주고자 건립한 것이라고 보면 된다.

전쟁역사실 다음에 이어지는 한국전쟁실은 초입부터 북한의 침략과 그 악의성에 대한 기록으로 가득하다. 하지만 이 같은 단편적인 설명으로는 한국전쟁이 발생하게 된 맥락에 대해 총체적인 인식을 할 수 없다. 당시 전 세계는 공산주의와 자본주의라는 두 진영이 거대한 충돌을 예고하고 있었고 한반도 역시 내부적으로 이념대결의 격전장이 되어 있었다.

소련의 지원을 등에 업은 김일성 정권은 한반도의 북쪽을 장악하고 자신의 정치 권력을 형성해나가고 있었다. 남한 사회는 1948년 단독선거를 통해 이승만이 정권을 잡았지만 내부적으로 심각한 혼란상을 보이고 있었다. 그리고 두 정부 모두 서로 힘에 의한 통일을 추구하고 있었다. 이승만은 정권을 잡기 전부터 북진통일을 자신의 주요한 정책으로 선전하며 김구 등 임시정부 세력과의 차별을 통해 자신의 입지를 넓혀가고 있었다. 정권을 잡은 후에는 더욱더 강하게 북진통일을 주장했다.

한반도는 이미 내전 중이었다는 수정주의적 관점도 있지만, 어쨌거나 결국 김일성이 남침을 하면서 본격적인 한국전쟁은 시작됐다. 하지만 당시 시대상황을 보면 남과 북 누가 먼저 침략했느냐보다 한반도에서 전쟁이 발발하게 된 세계적 정세와 복잡한 사회정치적 상황에 주목해야 하는데, 전쟁기념관의 전시는 한국전쟁이 오로지 남침 야욕에 들끓던 김일성에 의한 계획된 전쟁이라는 설명에 그치고 있다. 애초에 이 전쟁기념관을 만든 목적이 그것이어서 어쩔 수 없다고 해도 그 설명 자체가 예전의 반공 교과서 만큼이나 지나치게 단순하다.

한국전쟁의 초기 과정은 북한군의 일방적 공세로 전개되었다. 전쟁기념관에 전시된 기록처럼 북한은 남한보다 월등한 군사력을 보유하고 있었고, 이승만 정권은 말로는 북진통일을 외치고 있었으나 실제 전쟁을 수행할 준비와 능력은 부족했던 것으로 드러났다. 하지만 당시의 남북한 군사력과 관련해 또 다른 의견도 있다. 개전 당시 한국정부 공식전사인 『한국전쟁사』에 따르면 한국군의 병력은 상비군이 10만 명 이상이었고, 경찰 병력과 예비군을 포함할 경우 18만9천여 명이었다는 것이다. 북한군 병력 규모는 자료의 부족으로 정확히 파악되지 않는 상황이었지만 구소련의 비밀 자료들이 공개되면서 대략적인 추정이 가능해졌는데, 이에 따르면 개전 당시 북한군 총 병력은 18~20만 명으로 한국군과 별 차이가 없다.

세계전쟁사에서 한국전쟁처럼 반전이 심한 전쟁이 또 있었을까. 영토를 뺏고 되찾고를 번갈아 하는 과정에서 대규모의 학살이 일어났다. 이승만은 서울을 수복하고 나서 우선적으로 북한 치하에서 부역한 사람들을 찾아 처형하는 데 열중했다. 좌익 세력을 뿌리 뽑아야 한다는 것이었다. 이 같은 현상은 북한군도 마찬가지였다. 한국군에 부역한 이들은 북한이 영토를 되찾은 시기에 죽임을 당했으니 말이다. 승자도 패자도 없는 전쟁에서 무고한 민간인들이 말도 안 되는 이유로 죽임을 당했다.

전쟁기념관에서 강조하는 것은 북한의 학살뿐이다. 남한 지역에서 일어난 민간인 학살에 대해서는 여러 가지 설이 있지만, 전수조사를 해본 적이 없기 때문에 모두 추정치일 뿐이다. 민간인 학살 유족들은 제5대 국회의 조사에 기초해서 100만 명 정도가 학살당한 것으로 추정했고, 연구자들은 60~80만 명으로 추정하고 있다. 이중의 대다수는 국군과 미군에 의한 학살일 것으로 보이는데, 한국전쟁 연구자들의 연구를 종합하면 남한 지역에서 훨씬 더 많은 학살이 일어났고, 심지어 북한군이 점령하지 않은 지역에서 학살이 더 많이 자행되었는데 이런 사실에 대해서도 언급이 없다.

전쟁은 게임이 아니다

중국군이 개입하고 유엔군과 한국군은 다시 밀려 내려오고… 1951년 6월, 전쟁이 발발한 지 꼭 1년여 만에 전선은 다시 원래의 38선 주변으로 되돌아왔다. 서로가 상대를 완전히 제압할 수 없음을 인식한 전쟁의 당사자들은 휴전협상을 시작했다. 그 과정에서 이승만은 진정한 훼방꾼이었다. 전쟁이 발발하자 20일 만에 맥아더에게 군통수권을 넘겨주고 나서도 여전히 북진통일을 주장했다. 군사지휘권도 없으면서 휴전협상을 방해하기 위해 반공포로들을 유엔군 지휘도 받지 않고 풀어줘서 협상이 일시 중단되는 사태까지 갔다. 결국 그는 정전협정의 당사자도 되지 못했다.

그러나 전쟁은 멈추지 않았다. 이후 정전협정이 있기까지 2년여 동안 서로 땅 뺏기 전투를 포기하지 않았기 때문이다. 이를 '고지전'이라고 한다. 몇 년 전, 영화화되기도 한 이야기이다(우리나라 영화 중 전쟁 희생자의 관점에서 만들어진 몇 안 되는 작품이 〈고지전〉이다). 고지전을 2년 동안 하면서 남과 북은 밀고 밀리기를 반복했다. 지금의 휴전선 155마일은 시체로 덮였다.

고지전을 대표하는 전투가 백마고지 전투다. 백마고지 전투를 보여주는 시뮬레이션은 전쟁기념관의 핵심 중 하나이다. 노란 불빛의 병사들이 험한 산을 기어오른다. 인민군의 반격에 의해서 몇 번 좌절하기도 하고, 몇몇은 죽기도 하지만 결국은 인민군을 물리치고 고지를 점령하는 영웅들… 하지만 백마고지에서 최종 승리하기까지 뺏고 뺏기기를 거듭하면서 숱한 청년들이 죽어갔다는 사실은 전쟁기념관에서 볼 수 없다. 대신 학생들이 이를 신나는 게임처럼 즐기도록 되어 있다. 피가 튀고 살이 찢겨 날아다니는 끔찍한 전쟁은 그렇게 재현되고 있었다.

고지전을 설명하는 바로 근처에 예전에는 사격연습장이 있었

전쟁을 게임처럼 구현해놓은 시뮬레이션 전시.

다. 처음 이곳을 방문했을 때 가장 기겁을 한 곳이기도 했다. 시뮬레이션 기법으로 K-2 소총 사격연습까지 할 수 있게 해놓았다. 무얼 바랐던 걸까. 전쟁을 '기념'한다는 곳에서 어린이들이 한 방 한 방 소총 사격을 명중할 때마다 무엇을 느껴보라고 한 걸까. 기념관 안에는 아예 '어린이박물관'이 따로 있어서 어린이에게 전쟁 영웅을 가르친다. '무너진 한강다리'란 코너에서는 한강 인도교 폭파장면을 배경으로 사진도 찍을 수 있게 했다. 그리고 어린이 유격장이라니. 매년 여름이면 어린이들을 군인정신으로 무장시키는 해병대 캠프가 여전히 성업 중이라는 현실과 맞닿아 있는 듯하다. 그 뒤에 사격연습장이 이곳저곳으로 옮겨지다가 최근에는 표시만 있고, 실제로는 운영되지 않는 듯해서 다행이다.

이승만의 실체를 적나라하게 드러낸 것은 전쟁 발발 직후였다. 전쟁이 터지고 전선이 파죽지세로 밀리면서 남한의 수도인 서울은 불과 3일 만에 함락되었다. 이승만은 서울 함락 전에 탈출했고, 대전으로 내려가서 서울 시민들에게 정부와 국군을 믿고 동요하지 말라고 라디오 방송을 했다. 그리고 그는 다시 목포로, 대구로 도망치듯이 내려갔다. 최근에 밝혀진 자료에 의하면 이승만은 부산에서 피란 정부를 꾸리고 있을 당시, 남한을 포기하고 일본 망명정부 수립까지 고려했다.

그런 사실 기록은 전쟁기념관에 없다. 오로지 한강철교를 폭파해서 북한군의 남하를 6일간이나 막았다는 영웅적인 전투에 대한 기록만 있다. 또 거기에는 승리하는 국군의 이미지만 있을 뿐이다. 군사적으로는 성공한 작전이었을지 몰라도 갑작스런 한강철교의 폭파로 시민들이 죽어가고, 그 때문에 피란길이 막힌 것에 대한 어떤 설명도 없다.

이어지는 6·25전쟁실 I관은 '전사자 유해발굴 상징존'으로 시작한다. 한국전쟁의 영상이 미디어 파사드media façade 기법(건물 외벽에 LED 조명을 설치해 영상을 표현하는 기법)으로 펼쳐지는데 발아래 불이 들어와 있고, 거기에 전사자의 유해들이 흙속에 묻혀 있는 게 보인다. 그리고 한 문장. "자유는 거저 주어지지 않는다Freedom is not free." 얼마나 멋있는 말인가. 조국을 위해 목숨 바친 이들에 대한 추모의 염이 저절로 우러나올 만하다. 전쟁기념관 전체에서 당시에

흙 속에 묻힌 전사자들의 유해 위에 쓰여 있는 한 문장.

희생된 이들을 떠올리게 하는 몇 안 되는 전시방법이다. 하지만 남한 전역에 산재한 학살당한 민간인들의 유해는 이곳에 등장하지 않는다.

　전쟁기념관의 관람은 정해진 동선을 따라서 진행하도록 되어 있다. 한번 들어가면 진행경로를 따라서 돌아야 한다. 인천상륙작전으로 서울이 수복된 이후의 서울을 재현한 공간에는 당시의 생활을 엿보게 하는 장면들이 있다. 폐허가 된 도시, 그리고 허름한 천막생활, 구호물자를 날라다주고 집도 고쳐주고 공부도 가르쳐주는 미군과 국군의 모습이다. 전쟁 중에도 국민생활을 재건하는 따뜻한 이미지다. 실제 현실에서 미군과 국군이 재건 활동도 했겠지만, 그건 일부일 뿐이다. 미군과 국군은 언제고 총 들고 사람을 죽일 수 있는 무서운 존재들이고, 전쟁 중에 서울을 탈출하지 못했던 시민들은 부역자로 몰려서 죽임을 당하지 않았던가. 그나마 서울 수복 시기의 국민들의 곤궁한 처지를 설명하는 공간은 그래도 사실적이다. 하지만 곧바로 다음 공간으로 가면 이승만의 명령이 벽면에 새겨져 있다.

"내가 이 나라의 최고 통수권자이니 나의 명령에 따라 북진을 하라!"

— 대통령 이승만

이 명령에 따라서 38선을 넘은 날이 10월 1일이고, 정부는 이날을 국군의 날로 지정해서 기념하고 있다. 그렇지만 이승만은 국군 통수권자도 아니었다. 이미 군통수권은 유엔사령부, 더 정확하게는 미군의 맥아더에게 넘어가 있었고, 전쟁의 지휘는 맥아더가 하고 있었다. 형식적인 군통수권자의 허세를 새겨넣은 걸 보고 있자니 내가 부끄러워진다.

유엔군의 깃발 아래 한국전쟁에 참전한 국가는 16개국이었다. 거기에 전투 병력은 보내지 않았지만 의료 지원으로 참전한 국가까지 포함하면 21개국이다. 전쟁기념관에는 입구에서부터 청동검 조형물 주변과 〈형제의 상〉의 돔 아래 부분에 한국전쟁 유엔참전국들의 현황을 설명하고, 기념관 정면에 21개국의 국기를 세워놓고 있다.

유엔군의 결성과 관련해서는 당시 상황을 봐둘 필요가 있다. 유엔이 창설된 지 얼마 안 된 상황에서 한국전쟁은 유엔군이 처음으로 파병된 전쟁이었다. 이름만 유엔군이었지 사실 대다수 병력은 미군으로 채워져 있었는데, 유엔군이라는 명칭을 사용함으로써 북한과 중국을 국제 사회의 공적으로 만드는 효과가 있었다. 반대로 미군은 정당한 전쟁을 수행한다는 정치적 의미를 획득할 수 있었다.

당시에도 지금처럼 유엔의 주요 결정은 다섯 개 초강대국 협의체인 유엔 안전보장이사회(유엔 안보리)를 통해 이루어졌다. 한국전쟁에 반대할 가능성이 있는 소련과 중국은 특수한 사정이 있었다. 소련은 유엔 안보리의 결정 과정에 불참했다. 그 이유와 관련해서는 여러 가지 해석이 있는데, 그 하나는 소련이 한국전쟁의 배후이며 당사자라는 것이다. 북한이 남침을 결정하기까지 소련의 스탈린과 협의를 했고 그런 점에서 소련은 한국전쟁의 부당성을 논하는 자리에 들어오는 것이 부담스러웠다는 것이다. 또 다른 해석은 소련은 중국정부의 유엔 안보리 지위와 관련해 다른 안보리 국가들과 갈등 관계에 있었는데 그런 이유로 한국전쟁이 문제 되기 전부터 안보리 회의를 보이콧하고 있었고 그 연장선에서 한국전쟁 관련 회의에도 불참했다는 것이다.

중국의 경우, 앞서 소련의 안보리 회의를 보이콧한 것과 연관된 것인데 당시 유엔에서 중국을 대표한 세력은 장제스의 국민당 정부였다. 국민당 정부는 이미 중국 공산당에 패해 대만으로 도주해 있는 상황이었지만 유엔에서의 대표성은 아직 국민당 정부에 있었다. 결국, 당시 유엔과 안보리에는 미국의 한국전쟁 참전 결정을 반대할 강력한 세력이 존재하지 않았고 미국의 요구대로 유엔군이 결성되게 된 것이다. 몇몇 나라가 미국과 함께 참전했지만 주로 지원병이었고 전투부대는 거의 모두 미국군이었다.

6·25전쟁실 III관은 유엔군의 활약상이 주요 주제다. 유엔참전국 군인들의 감동적인 스토리와 그들의 유품을 전시해놓았다. 미군의 장진호 전투는 특별하게 설명되어 있고, 흥남부두 철수 때 피란민을 한 명이라도 더 태우려고 했던 노력도 보여준다. 유엔참전국 지원현황은 국가별로 자세하게 설명되어 있고, 유엔기념공원을 재현한 방에 들어가면 장중한 진혼곡이 흘러나온다.

유엔군의 희생으로 '자유대한'을 지켜냈고, 그 뒤로도 자유진영의 도움으로 가난한 나라가 이제는 도움을 주는 나라로 발전할 수 있었음에 대해 무한한 감사를 전하는 내용은 일면 동의한다고 해도 너무 일방적이라서 민망하다. 한국전쟁의 발발과 전개, 그리고 휴전에 이르는 국제정치적인 맥락은 전혀 고려하지 않고 불의에 맞서기 위해 기꺼이 희생하는 선량한 '아군'의 이미지로만 설명되고 있으니 말이다.

그래도 그 전시가 끝나는 지점에 감동적인 작품이 있다. 〈눈물방울〉이라는 조형물인데 둥근 벽면에 영상이 나오면서 낯선 나라에서 자유를 위해서 싸운 유엔군의 활동을 설명한다. 벽면의 영상이 끝나면 바닥에 물방울이 하나둘 떨어지면서 물이 고이고 그 물속에 유엔참전국 장병들의 인식표들이 하나둘 드러난다. 그리고 천장에 매달린 1,300여 개의 실제 인식표들. 바닥에 고인 물에서는 핏물처

인식표를 형상화해 만든 유엔참전국 장병들의 희생을 추모하는 조형물.

럼 빨간 동백꽃이 피어오르면서 이들의 고귀한 희생을 영원히 기리고자 하는 영상이 아주 선명하게 드러난다. 이들이 목숨 바쳐서 싸웠고, 그 피 위에 자유가 있음을 강조하는 작품에 깊은 감동이 이는 것은 어쩔 수 없다. 그들이 누가 되었건 잔인한 전쟁에서 죽어간 이들을 진심으로 추모하게 한다.

기억해야 할 우리의 과오

미국이 한국전쟁에 개입한 것처럼 한국도 미국의 요청에 따라 베트남전에 파병했다. 전쟁기념관 해외파병실의 처음에 자리한 '베트남전'은 한국이 처음으로 외국에 군대를 파병한 전쟁이다. 잘 알려진 바와 같이 북베트남의 게릴라전에 고전하던 미군은 급기야 밀림을 없애려 했다. 그러면서 네이팜탄, 고엽제 등을 무차별 사용했다. 베트남에 파병되었던 한국군은 여기에 더해 '베트콩들의 거점'을 없애버리려 했다. 이는 '견벽청야堅壁淸野 작전'으로 불리는데, 말 그대로 성을 쌓아 견고하게 하고 그 주변을 깨끗이 청소해버리는 것이다. 한국군은 베트남의 밀림 속에 기지를 짓고 그 주변을 모두 불태운 뒤 인근 마을까지 모두 없애버리는 작전을 벌였다. 마을의 주민들에게 기지 안으로 들어갈 것을 강요하고 이를 거부하는 주민들은 학살했다. 이 같은 한국군의 잔인한 군사작전은 한국전쟁 당시 또 그 전후에 이미 자행되었던 방법이었다.

1951년 지리산 공비토벌 당시 국군 11사단 9연대가 경남 거창, 함양, 산청 지역에서만 견벽청야 작전을 수행하며 민간인 700여 명을 학살한 사건은 잘 알려져 있다. 또 한국전쟁 직전 발생한 제주 4·3사건에서도 한라산 중산간마을의 주민들을 해안가로 소개시키며 대규모 학살을 자행하기도 했다. 한국군은 이 같은 경험을 베트남전에서 십분 발휘한 것이다. 그런 이유로 베트콩과 베트남 민중에게 한국군은 공포와 증오의 대상이었다. 우리나라 대다수 국민들은 이를 용맹하다고 기억하고 있고, 전쟁기념관 역시 당시 파병된 백마부대와 맹호부대 등 한국군 부대의 승리와 그곳의 주민들을 도와준 선행만 보여주고 있다. 마치 전쟁기념관 곳곳에서 미군의 도움과 지원이 없었으면 우리는 자유를 잃고 죽음밖에 없었다고 강변하는 것처럼.

이어서 베트남전에 임하는 한국군의 원칙을 적은 게시판을 사진으로 보여주는 전시가 있다.

"열대기후, 정글과 험준한 사막, 늪지대, 누가 아군인지 적군인지 알 수 없는 베트남전쟁 한국군은 하나의 원칙을 지키며 전투에 임했다.
백 명의 베트콩을 놓치더라도 한 명의 양민을 보호하는 것, 베트남 주민들의 생명과 재산을 보호하고 대민지원을 통해 주민들에게 파고 들어가는 것이었다."

특히 "백 명의 베트콩을 놓치더라도 한 명의 양민을 보호하는 것"이라는 문구가 눈길을 사로잡는다. 아예 거짓으로 베트남전 참

베트남전 당시 현지인들에게 태권도를 가르쳐주는 한국군의 모습을 전시해놓았다.

전을 미화하는 대목이 아닐 수 없다. 한국군의 잔인성에 대해서는 이미 사실로 알려져 있다.

한국군이 파병된 이라크전도 마찬가지다. 이라크전은 이미 2016년에 영국 정부가 공개한 칠콧 보고서(영국 토니 블레어 정부의 이라크전쟁 참전 결정 및 진행 과정을 조사하고 타당성을 규명한 보고서) 등을 통해 미국이 저지른 잘못된 전쟁으로 확인되었다. 미국이 전쟁을 시작한 이유였던 이라크의 대량살상무기는 없었고 미국은 이미 전쟁 전에 그 사실을 알고 있었다는 것이다. 한국군은 이런 부당한 전쟁에 미국의 압력을 이기지 못해 동원된 것이다. 그러나 전쟁기념관은 이라크전 역시 정당한 전쟁이었고 한국군은 이 전쟁에서 혁혁한 공을 세웠다고 기념하고 있다.

이는 제주 4·3사건을 여전히 폭동으로 기록하고 있는 것과 같은 맥락이다. 제주 4·3이 "한국전쟁을 일으키기에 앞서 남한의 전투력을 소모시키기 위한 좌익과 게릴라의 무장투쟁"이라는 전쟁기념관의 설명은 정부의 공식적인 조사결과를 부정하는 것이다.

앞서도 말했지만, 전쟁기념관은 전쟁의 어두운 측면을 감추고 있다. 민간인 학살을 의도적으로 배제하는 것과 함께 전쟁의 광기가 불러온 사회의 파괴라는 측면은 애써 축소하고 있다. 전쟁이 나면 사실 여성들이 더 큰 피해자가 된다. 하지만 여성들은 전쟁의 부수적인 피해자, 또는 전쟁에 동원되는 대상으로만 그려진다. 예를 들어서 여성은 간호장교로 복무하거나 후방에서 군복을 짓는다든지 하는 보급 활동을 하는 등의 역할만으로 설명한다. 그리고 전쟁 이후 가부장제가 강화되고 그런 제도 아래서 희생당하는 문제도 철저하게 외면한다. 그들에게 가해지는 성폭력에 대해서도 침묵한다. 아울러 여성들이 보호하고 있던 아동이나 노인의 피해도 언급하지 않는다. 전쟁기념관에서 여성과 약자 들은 남성들의 전쟁을 위해서 희생되어도 크게 문제 될 것이 없는 하찮은 존재일 뿐이다.

또 하나, 우리는 일본군 위안부 문제에 대해서 일본 정부에 사과를 요구하고 있지만, 최근 『미군 위안부 기지촌의 숨겨진 진실』과 같은 책을 통해서 밝혀진 것처럼, 한국전쟁 전 기간 중에 그리고 전쟁 뒤에도 운영되었던 미군 위안부, 한국군 위안부 문제에 대해서는 침묵하고 있다. 한국군은 일본군 출신들이 군 지휘부를 장악하고 있어서인지 일제식의 군 운영과 전쟁 수행을 해냈다. 아마도 지금까지 이어지는 군대 내에서의 폭력도 마찬가지일 것이다. 전쟁이 끝난 뒤에 전쟁 시기의 미군 위안부 기지촌이 형성되고 있었고, 그것을 국가가 관리했다는 사실에 대해서는 일절 언급이 없다.

한국전쟁은 분단된 남한에서 지독한 반공국가를 완성시켰다. 이승만을 비롯한 이후의 독재자들은 한국전쟁을 때때로 호출해서 권력을 유지하는 방편으로 사용했다. 김동춘 교수가 '전쟁정치'로 명명한 것처럼 한국전쟁은 독재자들이 민주주의 발전을 억압하는 주요 기제로 사용했다. 대한민국의 어두운 역사를 형성하는 지독한 반인권의 체제는 분단체제를 고착시킨 한국전쟁 탓이었다.

나아가 한국전쟁이 낳은 국가와 사회의 변화에 대해서도 오로지 전쟁의 참화를 딛고 한강의 기적을 이루었다는 점, 그것도 미국을 비롯한 우방들의 도움으로 이뤄냈다는 점만이 강조된다. 현재 한국 사회의 지독하게 이념편향적인 보수정치의 틀은 한국전쟁으로 완성되었다. 반대 세력을 효과적으로 억압하는 도구로서의 '전쟁정치'를 통해서 부정부패가 만연한 사회구조가 한국전쟁으로부터 굳어져 왔고, 아직도 한국이라는 사회의 발전을 가로막고 있다는 점에 대해서는 성찰하지 않는다.

전쟁을 기억하기 위하여

평화와 인권의 관점은 어디에도 없는 곳, 그래서 전쟁을 친근하게 느끼고 내면화하도록 하는 곳이 바로 지금의 전쟁기념관이다. 이 거대한 기억의 공간이 왜곡된 사실과 낡은 이데올로기로 가득 차 있는데, 많은 사람들이 이곳을 찾아와 무언가를 배워가는 지금의 상황이 걱정스럽다. 이름 그대로 전쟁을 기념하고 그 전쟁의 주역들을 영웅시하는 이 의도된 시각이 진정한 평화에 대한 인식을 막고 있기 때문이다. 더욱이 전쟁을 게임처럼 받아들일 수 있게 각종 스마트한 기법을 동원한 전시 형식은 근본적으로 수정되어야 한다. 전쟁은 게임이 아니다.

전쟁기념관이 공인한 '전쟁의 기억'에서 의도적으로 배제된 사람들은 망각의 대상이다. 건축가 정기용은 이런 문제에 대해서 다음과 같이 말했다.

> 전쟁을 기념하는 것보다 중요한 것은 살아남아 있는 자들이 죽은 사람들의 생명에 진 빚을 엄숙히 하는 일이다. 그것은 묵념이나 단순히 형식적인 애도의 행사로 끝나는 것이 아니라 진지하고 지속적인 연대여야만 한다. 이는 또한 군인의 죽음과 민간인의 죽음을 분류하는 일이 아니라 모든 죽음에 대한 경건한 마음가짐이다.
> — 정기용, 『서울 이야기』 중에서

누군가를 배제하고, 누군가를 망각하도록 하는 전쟁의 기억이 아니라 모든 생명에 대한 경건함을 가질 수 있기까지 우리는 아직도 너무도 먼 길을 가야만 할 것 같다. 정기용이 상찬해 마지않는 독일 하부르크에 있는 '사라지는 기념비'와 같은 기념물이나 기억관, 기억공원은 우리에게 불가능할까. 이 기념비는 2차대전의 비극을 기억하는 이들이 평화를 염원하는 마음으로 납으로 된 빈 표면에 가득 글을 쓰면 그 글들이 아래로 내려가 시야에서 사라지도록 만들어졌다. 내려간 글들은 아래층에 가서 확인할 수 있다. 이 기념비는 시민들의 참여를 이끌어내고 그렇게 마음을 모아낸다는 것만으로도 여느 기념비와 다른 특별함이 있다.

1995년에 미국 워싱턴에 만들어진 베트남전쟁 참전용사 기념공원에 있는 '추모의 벽'과 같은 기념 조형물도 생각해볼 수 있다. 거기에는 한국전쟁에 참전한 미군 등 4만4천여 명의 이름이 벽에 새겨져 있다. 그 벽은 앞에 선 이의 모습을 비춰준다. 그런 효과를 통해 사람들은 벽에 비친 자신의 모습을 보며, 지휘관이나 영웅 중심의 전쟁이 아니라 전사자 한 사람 한 사람을 생각하는 것으로 전쟁을 다시 성찰하게 된다. 용산 전쟁기념관에는 없는 성찰의 기능이다.

서울 시내 한복판에 우뚝 선 저 전쟁기념관은 시대의 변화를 반영하는 기념관으로, 민주주의와 평화통일을 지향하는 그런 평화기념관으로 바뀔 때가 되었다. 그러기 위해서는 지금 우리의 현실인 전쟁기념관에 들러봐야 한다. 그리고 그곳에서 말하지 않고 기억하지 않은 한국전쟁과 다른 전쟁들에 대해서, 그것들의 후과에 대해서 더 많은 사람들이 다양한 목소리로 계속 말해야 한다.

소록도

외딴섬에
살았던
사람들

차별받는 사람들의 섬

나는 인권운동가로서 부끄럽게도 2005년 국가인권위원회에서 한센인 실태조사 보고서를 발표할 때까지 '한센인'이라는 말을 몰랐다. 몇십 년 전에는 다들 문둥병-문둥이 또는 나병-나환자라고 불렀다. 내 어린 시절 1960, 1970년대 시골에서 '문둥이'는 무척이나 무서운 존재였다. '보리밭 지날 때는 혼자 지나지 마라' '문둥이들이 보리밭에 숨어 있다가 불쑥 나와서는 잡아간다' '문둥이들이 애들 간이 병에 좋다고 잡아다가 간을 빼먹는다' 이런 말들을 자주 듣고 살았으니 어린 마음에 보리밭 근처를 지날 때마다 주변을 힐끔거리며 종종걸음을 치곤 했다.

　　나이가 들면서 문둥이의 존재를 잊고 있었는데, 어느 때인지는 몰라도 우연히 한하운의 시를 읽고 충격을 받았다.

　　보리피리 불며
　　봄 언덕
　　고향 그리며

피-ㄹ 닐니리

보리피리 불며
꽃 청산靑山
어린 때 그리워
피-ㄹ 닐니리

그의 대표작인 「보리피리」 일부이다. 이 시가 주었던 충격은
아마 그가 '문둥이 시인'이기 때문이었을 것이다. 어릴 때부터 깊이
그들에 대한 차별의식이 자리 잡고 있었는데, 그들도 이런 아름다운
시를 쓸 수 있다는 게 놀라웠을 것이다.

한하운은 고향에서 쫓겨나고, 모든 세상사에서 쫓겨나고, 구
걸하면서 방랑하는 자신의 신세를 저주하고 차라리 죽고 싶다고 절
절하게 토로한다. 그의 시 세계가 그랬다.

신을 벗으면
버드나무 밑에서 지까다비를 벗으면
발가락이 또 한 개 없어졌다

앞으로 남은 두 개의 발가락이 잘릴 때까지
가도가도 천리, 먼 전라도 길

　　　　　　　　　　— 한하운, 「전라도 길 – 소록도 가는 길」 중에서

사실 한센병은 지금도 감염 경로가 정확히 밝혀지지 않았지만, 전염력은 무척 미약하고 유전도 되지 않는다. 그리고 조기에 치료하면 완치될 수 있는 병이다. 하지만 과거에는 한센병에 대해 무지했고, 치료제도 없었으니, 피부와 외형이 변형되는 증상 탓에 환자들에게는 천형天刑이나 다름없었다.

한센병을 가진 이들에게 가해진 인권침해는 끔찍했다. 제대로 치료를 받지 못해 영구장애를 얻고, 후유증에 시달려야 했던 사정은 무지 때문이라지만, 사람들의 차별은 지금의 상식으로는 상상할 수 없는 정도였다. 한센인들은 집에서도 쫓겨나고 동네에서도 살 수 없어서 움막이나 다리 밑에서 지내야 했고, 가족들이 밥을 날라다 주어서 연명하면 다행이었다. 마을 사람들은 그들에게 돌을 던져서 마을에서 추방했다. 결국 유랑 걸식을 해야 하는 운명이었던 그들은 우리 사회의 '불가촉천민'이었다.

소록도에 한센인을 격리한 배경에는 인종주의 논리가 작동했다. 가장 오래된 전염병으로 인식되었던 한센병이 유럽에서는 17세기에 사라졌다. 그런 뒤에 식민지 점령에 나선 제국주의 유럽 국가들은 아직도 한센병이 창궐하는 아시아인, 아프리카인을 미개인으로 취급했다. 인종주의의 근거가 되었던 우생학이 한참 각광을 받았던 터였다. 유럽인들은 점령하는 식민지에 한센인 격리시설을 짓고 여기에 그들을 수용했다. 한센병으로부터 사회를 보호해야 한다는 이유였다.

일제가 유럽을 본따 일본 본토에서 한센인들을 외딴곳에 격리하기 시작한 것은 1910년대였고, 이에 따라 식민지 조선에서 한센병 환자들을 소록도라는 외딴곳에 자혜의원을 만들어 격리한 게 1916년이었다. 해방 뒤에는 한센인 정착촌을 만드는 것을 허용해서 정착촌이 한때 100군데에 이르렀는데 정착촌 밖에서는 어떤 안전도 보장하지 않았다.

한센인은 어쩌면 20세기 한국 사회에서 벌어진 소수자 차별의 본보기나 다름없는 존재였다. 질병에 대한 무지에서 기인한 차별을 국가는 방관하거나 용인했으며 심지어 장기적으로 제도화했다. 그래서 소록도는 한국인권사에서 중요한 장소다. 해방 뒤, 특히 한국전쟁 후 전쟁고아들을 수용하는 사회복지시설들이 만들어졌는데, 장애인, 노숙인 등 사회적 약자를 강제수용시키고, 수용된 이들의 인권은 철저하게 무시해왔다. 소록도가 그 모델이 되었다. 죽을 때까지 강제노동을 당하고, 단종과 낙태가 강요되었던 소록도의 경험은 대체로 한국 사회의 사회복지시설에서 있었던 일들과 본질적으로 다르지 않다. 소록도와 그곳 사람들, 그리고 그들을 둘러싼 크고 작은 사건들은 소수자에 대한 국가와 사회의 태도를 노골적이며 집약적으로 드러낸다.

아름다운 자연에 담긴 비극

전남 고흥군 녹동항에서 소록도 동쪽 선착장까지는 겨우 1킬로미터 남짓이다. 하지만 2009년 소록대교가 개통되기까지 마음의 거리는 수천 킬로미터였다.

중앙공원으로 가는 길에 바라본 바다.

소록대교를 타고 넘어오면 고흥반도의 끝에서부터 자동차로 5분 정도의 거리다. 소록터널을 지나기 전에 소록삼거리에서 우회 전해서 내려가면 주차장이고, 이곳이 이 섬의 입구 역할을 한다. 주 차장 앞이 제2안내소다. 제1안내소는 따로 있다.

소록도는 제2안내소를 중심으로 두 개의 구역으로 나뉘어 있 다. 1960년대까지는 그 사이에 철조망이 세워져 있었다.

오른쪽 구역, 섬의 동쪽은 미감염인들의 지역인 관사지대이 다. 그곳에는 소록도병원 직원들의 관사가 있고, 예전에는 미감아未

感兒(나병 환자인 부모에게서 태어나 병에 감염되지 않은 아이)의 보육원이 있었다. 43년 동안 헌신적인 봉사를 했던 마리안느 수녀와 마가렛 수녀의 기념관이 있는 곳도 이쪽이다. 동쪽 산을 오르다보면 일제의 신사가 아주 우스꽝스러운 모습으로 복원이 되어 있는데, 신사를 지나서 선착장으로 넘어가면 녹동초등학교 소록분교가 있고, 소록성당과 소록치안센터가 있다. 그곳에 제1안내소가 있다. 그 옆의 선착장이 예전에는 일반인들이 드나들었던 소록도의 공식적인 출입구였다.

한센인들은 소록도의 서쪽, 병원과 거주지역인 병사지대에만 머물 수 있었는데, 2000년대 이전에는 그 지역을 벗어날 때는 외출증이나 허락을 받아야 했다. 외부인들은 지금도 병사지대에는 들어갈 수가 없다. 요즘에는 외부인의 차별적인 시선을 차단하려는 목적과 함께 자연환경의 보호가 더 큰 목적이다. 다만 봉사자들이나 허락받은 이들은 출입할 수 있다. 병사지대는 개방구역과 비개방구역으로 나뉜다. 개방이 되고부터는 관광객들은 잘 가꾸어진 중앙공원까지 갈 수 있다. 2016년에는 소록도병원 100주년을 맞아서 한센병박물관도 새로 문을 열었다. 한센병박물관은 예전에는 출입금지구역이었던 병원 앞 해변가에 마련되었다.

제2주차장에 보리피리 휴게소가 있고, 여기서부터는 해변을 따라 나무 데크를 깔아서 길을 만들었다. 해안길에는 연륜 있는 소나무들이 나란히 서 있고, 바다는 대체로 잔잔하다. 남해안 다도해의 여느 바다처럼 깨끗하고 조용하다. 완만한 곡선을 이루는 해안길을 차분히 걷다보면 아름답고 조용한 작은 섬의 풍경에 취하게 된다.

해안길이 시작되는 지점, 지금의 제2안내소가 있던 그곳에는 '수탄장愁嘆場'이 있었다. 조금 더 올라가면 제비선창 터가 있다. 한센인들만 타고 들어오던 곳이다. 동력선 이름이 '제비호'였다. 그러다가 이 배가 파손되었고, 이후에는 한센인들이 자체 제작한 '구라호'를 운영했다. 그러다가 1984년 요한 바오로 2세 교황이 소록도를 방문한 뒤부터 이 선창은 없어졌다. 그때부터는 한센인과 비한센인이 제1안내소가 있는 북창으로 한 배를 타고 섬에 들어왔다.

근심하고 탄식한다고 해서 수탄장이라고 이름 붙은, 관사지대와 병사지대를 나누는 경계는 눈물의 지대였다. 우리는 소록도에 들어서는 순간부터 한센인들의 눈물을 만나는 셈이다. 세상으로부터 철저하게 버림받은 그들이 올 수 있는 곳은 그나마 이곳밖에 없었다. 병이 낫기를 바라는 마음으로 들어온 섬, 아니면 강제로 격리 조치되어 녹동항에서 나룻배를 타고 한번 들어오면 죽어서도 나갈 수 없는 섬이었다.

감염되지 않은 아이들은 부모로부터 격리되어 관사지대의 보육원으로 보내졌다. 한 달에 한 번 돌아오는 면회 날이면, 길을 사이에 두고 손도 잡아볼 수 없이 바라만 봐야 했던 부모와 자식. 그 순간조차 감염인이었던 부모들은 바람을 안고 섰다. 그래야 병균이 바람에 날려서 자식들에게 가는 일이 없을 거라는 터무니없는 이유 때문이었다. 한센병균은 전염력이 매우 낮아서 공기 중에서 몇 초 사이에 죽어버리지만, 세월이 한참 흐르는 동안 세상 사람들, 한센병을 앓는 이들조차도 그런 사실을 몰랐다. 그렇게 한 달에 단 몇 분

학살당한 84명의 한센인을 추모하는 〈애한의 추모비〉.

동안 안타까운 눈물의 면회를 하고 돌아서면, 아이들은 혹여라도 병균에 감염되었을까 싶어서 소독을 받아야 했다.

　해변 길을 따라서 올라가다가 병원 입구에 못미처 학살당한 84명의 한센인을 추모하는 추모탑이 서 있다. 〈애한哀恨의 추모비〉다. 해방 직후 일제에 의한 강압을 당했던 한센인들은 자치권을 요

검시실의 수술대. 수많은 낙태수술이 자행된 곳이다.

구했는데, 당시 소록도의 운영권을 장악하려던 직원들이 외부의 치안대를 끌어들여서 한센인들을 학살했다고 한다. 희생자가 84명이라고 하지만 그 외에도 더 있을 것이라고도 한다. 국가인권위원회에 따르면 이와 비슷한 학살 사건이 일곱 건이나 확인되고 있다. 그중 가장 유명한 한센인 학살 사건은 1957년 경남 사천에서 있었던 비토리섬 학살 사건이다. 소록도의 오마도 간척사업처럼 비토리섬을 간척하던 한센인들을 지역주민들이 학살한 사건인데, 28명이 죽임을 당했고 70여 명이 크고 작은 부상을 입었다고 전해진다. 소록도의 84명 학살 사건도 60년 뒤인 2005년 8월 22일에야 첫 추모식을 가졌고, 학살당한 시신들이 불태워지고 묻혔던 곳에 추모비를 만들었다.

그곳을 지나면 병원이다. 관광객들은 들어갈 수가 없는 비개방지역이다. 다만 한센병박물관까지만 허용된다. 병원 앞에서 직진하면 박물관이고, 좌회전하면 중앙공원으로 올라가게 된다. 중앙공원으로 오르는 길 오른편에 한센인들의 차별과 고통의 상징처럼 여겨지는 검시실과 감금실이 있다. 두 건물은 문화재로 등록되어 있다. 겉보기에는 담쟁이덩굴이 벽을 덮고 있어 어찌 보면 정겹기까지 한 건물이다. 하지만 들어가는 순간 큰 충격에 휩싸이는 곳, 거기 한센인들이 수난당한 역사의 단면이 고스란히 보존되어 있다.

검시실은 두 칸으로 나누어져 있다. 중앙에 해부대가 놓여 있고, 벽에는 장기를 떼어 보관하던 수납장이 있으며, 그 옆에는 일제 때 사용했던 것인지 천이 상한 들것이 놓여 있다. 일제는 한센인들이 사망하면 그들의 시신을 해부하고, 실험용으로 사용하거나 곧바로 화장터로 보냈다. 가족의 동의는 물론 없다. 당시 소록도 한센인들은 세 번 죽는다고 했다. 첫번째는 한센병이 발병했을 때, 두번째는 죽은 뒤에 시신이 해부될 때, 그리고 세번째는 화장될 때다. 그들은 병을 얻었을 때부터 죽은 목숨이나 다름없다고 생각했던 게 과장은 아닐 것이다.

검시실의 작은 방 중앙에는 작은 수술대가 있다. 석제 수술대의 네 모서리와 양 옆에 여섯 개의 홈이 패여 가운데 구멍으로 모인다. 수술을 하면서 피가 그리로 모여서 흘러내리게 고안되어 있었다. 그곳에서 낙태수술을 했다. 수술을 무자격자가 해대는 바람에 낙태수술을 당한 여성들은 후유증으로 고통받았다고 한다. 아이를 가지려면 소록도를 떠나야 했는데, 소록도를 나가면 소록도보다 더한 지옥이 기다리고 있으니 엄두를 내지 못했을 것이다. 이때 낙태한 태아들을 알콜병에 담아서 보관하기도 했다고 한다. 한센병이 유전된다고 생각했고, 태아들을 통해서 그를 확인하기 위한 것이라고 하지만, 참으로 끔찍한 일이 아닐 수 없다. 1990년대까지 태아를 알코올에 담은 유리병이 이곳에 있었다고 한다.

검시실 안쪽으로 붙어 있는 방 안 한가운데에 '단종대'가 놓여 있다. 일제는 한센인의 씨를 말린다고 남자 한센인들을 거세했다. 그 수가 얼마나 되었는지 알 수 없지만, 비스듬히 경사진 나무로 만든 수술대 위에 대상자를 묶어놓고 작업을 했다. 강제 낙태수술과 단종의 고통을 당하고 살았던 한센인들은 얼마나 많았을까. 25세 청년으로 강제 단종을 당했던 이동의 시가 벽면에 걸려 있다.

감금실 내부. 당시 고통을 호소하던 이들의 흔적이 남아 있다.

그 옛날 나의 사춘기에 꿈꾸던
사랑의 꿈은 깨어지고
여기 나의 25세 젊음을
파멸해가는 수술대 위에서
내 청춘을 통곡하며 누워 있노라

— 이동, 「단종대」 중에서

검시실 바로 위에는 감금실 건물이 있다. 소록도에서 저항은
곧바로 감금실행이었다. 두 동의 건물이 나란히 있고, 건물들을 회
랑으로 연결했으니 H자형 배치다. 감금실, 그곳에서 매타작을 받다

가 죽거나, 소록도병원장이 제멋대로 내리는 징벌을 감내해야 했다.

> 이 속에서 신경통으로 무지한 고통을 당할 때
> 하도 괴로워서 이불껍질을 뜯어
> 목매달아 죽으려고 했지만
> …
> 저희들은 반성문을 쓰라고 날마다 요구받았어도
> 양심을 속이는 반성문을 쓸 수가 없었노라
>
> ─ 김정균, 「감금실」 중에서

감금실 벽에 걸린 이 시가 먹먹하게 한다. 얼마나 괴로웠으면 이불을 뜯어내서 줄을 만들어 목을 매고 싶었을까. 마룻바닥이 깔린 방에는 고통을 호소하는 이들의 글씨가 희미하게 남아 있다. 그리고 방에는 변기가 구멍만 뚫린 채로 놓여서 예전의 감방의 형태와 그대로 닮아 있다.

두 개의 고통스런 시설 건너편에는 한센병자료관과 자원봉사센터가 앞뒤로 있다. 마찬가지로 붉은 벽돌 건물이다. 자료관에는 한센병을 퇴치하기 위한 인류의 역사, 그리고 소록도병원의 치료과정 등이 시대별로 전시되어 있었다. 지금은 한센병박물관이 더 잘 설명하고 있지만, 박물관이 들어서기 전에는 이 자료관이 유일했다. 자료관에는 한센인들이 소록도에서 어떻게 살았는가를 보여주는 각종 물품들이 있다. 그중 철사로 만들어진 비녀 모양의 단추 끼우개가 기억에 남는다. 한센병으로 문드러진 손으로는 단추를 풀고 잠

중앙공원의 구라탑. '나병을 구원하는 탑'이라는 뜻으로, 천사가 창으로 한센균을 찌르는 모습을 형상화했다.

글 수 없어서 만들어진 것이다.

조금 더 올라가면 관광객들의 목적지인 중앙공원이다. 근사한 아름드리 수목들이 가득한 최고의 공원을 만나게 된다. 종려나무, 편백나무, 적송, 차나무, 향나무, 호랑가시나무, 히말라야시다, 각종 단풍나무, 팽나무 등등의 나무들, 그리고 품위 있는 설송도 볼 수 있다. 급조된 정원이 아니라 오랜 시간 잘 가꾸어진 정원임을 알 수 있다. 한센인들이 당했던 고통의 역사와는 동떨어진, 매우 이질적인 풍경이 거기 펼쳐져 있다. 하지만 공원 한가운데에 서면, 기단만 남은 동상이 있고, 거기에 이 공원 조성의 비극적인 역사가 기록되어 있다.

1933년 소록도병원 4대 원장으로 부임한 스오 마사스에周防正季는 한센인들을 강제노역에 동원했다. 손발이 짓무른 한센인들을 동원해서 벽돌공장을 짓게 하고, 벽돌을 구워내게 했으며, 장비도 없이 맨손으로 4킬로미터에 달하는 해안도로를 20일 만에 개설하게 했다. 중노동을 하는 한센인들에게 채찍이 가차 없이 날아들었다.

또한 스오는 1942년 6월 20일 한센병 환자였던 27세의 이춘상에게 살해될 때까지 3년 4개월 동안 연인원 6만 명의 한센인을 동원하여 6천 평 규모의 공원을 만들었다. 한센병 환자였던 27세의 이춘상은 스오 원장의 악행을 폭로하고 환우들의 원한을 풀고자 그 날 차에서 내리는 원장의 심장에 칼을 꽂았다. 당시 일본에서는 이춘상을 '제2의 안중근'(테러리스트라는 의미)이라고 부르면서 이 사건을 크게 보도했다. 소록도에는 그에 대한 일화가 아직도 많이 회자되고 있고, 한센인들 사이에서는 그를 기념하는 사업을 하자는 이야기도 나오고 있다.

중앙공원을 만들기 위해서 고흥과 해남 등지에서 기암괴석을, 일본과 동남아 등지에서 희귀한 수목들을 수집하여 실어오면 그 돌들과 나무들을 한센인들이 등짐으로 져 날랐다고 하니 그때의 가혹함은 짐작이 되고도 남는다. 스오는 9미터 정도 되는 자신의 동상을 세워놓고는 한센인들이 매달 20일마다 절을 하도록 하며 개인숭배까지 강요했다. 살해 뒤에 그의 동상은 태평양전쟁 물자로 실려 나갔다.

스오 동상 앞에 평평한 큰 돌이 누워 있고, 그 돌에 한하운의 시 「보리피리」가 음각되어 있다. 자료 사진으로 확인되는 건 그 돌을 여러 사람들이 목도로 운반할 때 그 큰 돌 위에 버젓이 일본군 복장을 한 이가 채찍을 들고 올라서 있는 모습이다. "목도를 메면 허리가 부러져 죽고, 목도를 놓으면 맞아서 죽는다"고 할 정도였다. 그래서 이 바위의 이름이 '메도 죽고 놓아도 죽는 바위'라고 했다. 그런 고통과 애환의 바위에 한하운의 시를 새긴 것은 썩 잘한 선택인 듯싶다.

서러운 영혼들이 잠든 만령당

관광객에게 허용된 코스는 그곳까지다. 병원부터는 허락 없이는 들어갈 수 없다. 한센인들을 위한 자원봉사를 하지 않는 한 말이다. 하지만 비개방지역에 들어가봐야 진짜 소록도를 볼 수 있다. '소록小鹿'(작은 사슴)이라는 섬 이름처럼 사람의 손을 타지 않은 자연이 보전되어 있다. 나는 다행히 한센인 인권침해 변호인단 조영선 변호사의 소개로 2012년과 2014년에 섬의 구석구석까지 들어가 살펴볼 수 있었다.

병원을 지나면 일곱 개의 마을이 있다. 주민들은 이곳에서 생활한다. 이들 일곱 개의 마을은 한센인들의 손으로 만든 순환로를 따라서 배치되어 있다. 가장 처음 만들어진 마을인 서생리는 현재는 주민들이 없고 사람이 살았던 흔적만 남아 폐허로 변해가고 있다.

많은 영혼들의 집, 만령당. 소록도의 납골당이다.

　　밤 9시면 소등을 하고 좁은 방에서 새우잠을 자고는 새벽같이 일어나야 했던 고단한 한센인들이 여기 살았다. 그들은 공동주택에서 너무도 적은 양의 식량으로 공동식사를 했다고 하는데, 큰 가마솥에 물을 붓고 각자의 공기에 쌀을 넣어서 밥을 해먹었고, 반찬은 너무 없어서 늘 배를 곯았다고 그때 시절을 들려준다. 텃밭에 채소라도 부치면 그나마 김치라도 해먹을 수 있었다고 하는데, 이렇게 부실한 영양상태는 병을 치료하는 데도 도움이 되지 못했을 것이다.

　　녹생리 등 한센인들이 거주하는 마을에는 개인 단독건물도 있지만 대체로 일자형의 공동생활이 가능한 주거형태이다. 예전에는 독신자들이 여덟 명씩 살던 독신사와 가정을 이루어 살던 가정사가 있었다고 한다. 지인의 집도 방문했는데 여느 평범한 집과 다를 바 없었다. 그는 1980년대까지 벼룩과 빈대가 들끓었고, 겨울이면 방 안에 얼음이 얼 정도로 주거환경이 열악했다고 말해주었다.

마을에 들어가면 일단은 주민들을 근접촬영하는 건 삼가야 한다. 만약 꼭 찍고 싶다고 하면 사전에 허락을 받아야 한다. 마을은 깨끗하게 잘 가꾸어져 있다. 해변과 소나무 숲을 배경으로 한 마을의 모습이 퍽이나 평화로웠다.

마을을 지나서 산중턱에 원통형에 고깔 모양 지붕을 얹은 건물을 만나게 된다. 구북리의 화장터에서 화장한 사망자를 모시는 이른바 납골당이다. 이름하여 만령당萬靈堂. 예로부터 만이라는 수는 일일이 헤아릴 수 없을 때 썼듯, 이곳을 거쳐 간 서러운 영혼들이 수만을 헤아릴 것 같다.

붉은색의 둥근 벽 뒤로 돌아서 가면 출입문이 있고, 그곳으로 들어가면 납골당처럼 유골함이 보인다. 유골함은 사기분합도 아니고 오동나무함이다. 함마다 돌아가신 분들의 함자와 생몰일자를 적어놓았다. 사망자가 이곳에 머물 수 있는 기간은 10년이다. 10년이 지나면 만령당 뒤에 있는 큰 산소에 뼈를 흩뿌린다. 매년 10월에 이런 의식을 갖는다. 소록도의 한센인들은 섬에 갇혀 일생을 살고 죽어서도 여기 소록도의 만령당에 머물다 소록도의 흙으로 돌아간다. 만약 외지에 가족들이 있다면 더러 찾아가는 경우도 있지만, 그런 일은 드물 수밖에 없다. 한센병에 걸리면 우선 가족들로부터 외면당하는 게 그들의 운명처럼 여겨졌기 때문이다.

한때 6천 명이 살던 소록도에는 2016년 통계로 534명이 생존해 있다. 그런데 그들의 평균연령이 73세다. 그러니 고령을 맞은 이들이 매년 적게는 30~40명에서 많게는 70명까지 죽어간다. 그래서 앞으로 10년간 유골상자로 들어갈 사람이 산 사람보다 많아졌다는 말이 나올 만하다. 20년 뒤에는 소록도에 한센인들이 사라질 수 있다는 말이 된다.

2014년 만났던 소록도 거주민은 가장 부족한 게 뭐냐는 질문에 "특히 전문적인 기술이 있는 의사들이 오지 않고 기자재도 별로 없다"라고 말했다. 실제로 한센병이 완치된 뒤에도 합병증을 앓고 있는 고령의 주민들이 많다. 그는 "간호사들이 헌신적이지만 현재는 병원보다는 요양원 수준"이라고 했다. 사실 소록도는 섬 전체가 병원이면서 요양원이다.

최근의 구술자료집을 보면, 한센인 노인들이 소록도로 귀환하는 경우도 있다. 이제 한센인에게 소록도는 사회의 어느 곳보다 안전한 곳으로 인식된다. 그래도 소록도는 병을 치료해줄 의료기관이 있고, 부족한 의료인력과 의료시설이라고는 하지만 치료를 거부당할 일도 없기 때문이다. 아울러 죽을 때까지 돌봄 서비스를 제공받을 수도 있다. 이제 소록도는 과거의 고통과 비극의 섬에서 한센인들이 안전하게 생을 마칠 수 있는 섬으로 바뀌고 있는지도 모른다.

만령당 뒤편으로 들어가면 울창한 침엽수림이다. 한여름에도 서늘할 정도로 울창한 숲이 잘 보전되어 있다. 그 숲길을 따라가니 바다가 나타났다가 사라졌다가 다시 나타나고는 한다. 마음이 평안해지는 길이다. 그 숲길을 따라서 서쪽으로 가다보면 막다른 길이 나온다. 숲에 둘러싸인 고즈넉한 분위기 속에 옛날 교도소 건물이 보인다. 마치 백설공주가 일곱 난쟁이들과 살았던, 동화 속에 나오는 건물 같다.

　감금실은 규율을 위반한 한센인들을 감금하는 곳이지만, 이곳은 범죄를 저지른 이들을 수감하는 곳이다. 이들을 어떻게 재판했는지는 모르지만, 한센인 범죄자를 수감하기 위한 감옥이었다. 한센인은 범죄를 저지른 뒤에도 육지의 교도소가 아니라 이곳에 격리되었던 것이다. 철저한 격리와 고립이 한센인의 운명이었음을 새삼 느끼게 만드는 곳이다. 아쉽게도 아직 그 건물에는 들어가 보지 못했다. 철문은 굳게 잠겨 있어서 들어갈 수 없었다. 문 안으로 들여다보니 마당에는 마치 누군가 관리하는 듯 잔디가 파랗게 깔려 있다. 하지만 작은 건물들은 퇴락해가고 있었다.

　다음에 기회가 된다면 그 감옥에 들어가서 육지의 교도소와 비교해보고 싶고, 나아가 한센인 범죄자들을 어떻게 다루었는지에 대해서 찾아보고 싶다.

낙원과 폐허

소록도는 한적하다. 언제 가도 조용한 숲길을 걸으면 절로 마음이 치유되는 듯하다. 공회당(현재는 우촌복지관)을 지나면서 순바구길이 나온다. 박순암이란 환자가 길을 닦고 병원 발전을 위해 혁혁한 공을 세웠다고 해서 비석까지 남아 있다.

　그 길을 따라 서쪽으로 내려가다보면 깨끗하게 복원된 자혜

복원된 자혜의원. 원래의 모습이 많이 훼손되었다.

의원(자혜원으로 불리기도 한다)이 등장한다. 소록도병원의 시작이다. 일본 총독부에 의해서 한센인들을 격리하기 적합한 곳으로 소록도가 지명되었다. 1916년 6월이었다. 그때부터 소록도는 한센인들의 섬, 외지와 격리된 섬이 되었다.

　　사실 정식 치유의 숲길은 자혜의원부터 시작된다. 해안가를 돌면서 이어지는 둘레길을 치유의 길이라고 좋게 부르지만, 이 길역시 스오 원장이 연인원 6천 명의 원생들을 동원해서 닦은 길이다. 이 길을 만든 목적은 치유와는 전혀 상관없이 강제노역과 폭행 등을 피해 섬을 탈출하려는 한센인들을 적발하기 위해서라고 전해진다. 1938년 1월 엄동설한에 한센인들을 동원해서 4킬로미터의 길을 닦았다고 하니 그때의 고생들이 막심했을 텐데, 그 길로 인해서 자신들의 섬 생활이 더욱 감옥 같아진 것이다.

자혜의원은 이 섬의 첫번째 마을인 서생리에 있다. 원래의 일본이 지었던 건물을 복원해놓았는데 영 어색하다. 아니나 다를까, 자료 사진을 찾아보니 애초의 모습이 많이 훼손된 채 복원해놓은 것이라 어디 역사驛舍 건물을 옮겨다놓은 것 같다. 자혜의원이 있기 전 외국의 선교사들이 운영하는 몇 개의 병원에서 한센인 치료를 했다고 하지만 태부족이었고, 그런 까닭에 체계적인 치료를 위해서 여기에 자혜의원을 지었다고 한다. 처음에는 100명을 수용하는 정도의 규모라고 했는데, 이후 일제가 전국의 모든 한센병 환자들을 소록도에 격리한다는 방침이 세워지면서 규모가 커졌다.

복원된 자혜의원은 규모가 작았지만, 병원장과 직원들이 가진 권력은 막강했다. 누구도 이들의 말을 거역할 수 없었다. 그들은 언제고 한센인들을 집합시켜서 강제노동을 시켰고, 규율을 어기는 이들을 적발해서 감금실에 집어넣었다. 해방 뒤에는 한국인 병원장과 직원들이 그대로 권력을 누렸다. 격리와 감금을 기본으로 하고, 철저한 규율을 강요한 한국 사회복지시설의 익숙한 모습이다. 1984년 교황이 방문하고 나서야 한센인과 비한센인이 같은 배를 이용하게 되었고, 한센인들이 섬 밖으로 외출하는 것을 허용하는 등 반인권적인 실태가 일정 부분 개선되었다.

서생리에서 내려가면 소록도 바다의 진수를 볼 수 있다. 남해 다도해의 풍경이 들어오는데 사람의 흔적이 없다. 좁은 길이 있을 뿐, 그 해변에 모래가 깔려 있고 바다가 잔잔하게 출렁인다. 소나무며 버드나무며 모두가 자연 그대로의 모습이다. 어디고 다듬어진 곳

일제강점기 때 지어진 식량창고. 건물에 바로 배가 닿을 수 있도록 했다.

없이도 이렇게 아름다울 수 있구나 싶다. 햇빛에 반짝이는 물결 따라 그저 멀리멀리 떠나고 싶게 만드는 곳이다. 그런데 이런 바닷가에서 폭풍이 몰아치는 한밤중에 지나치게 가혹한 강제노역과 체벌, 그보다 더한 차별을 피해서 탈출을 감행했던 한센인들이 있었다고한다. 이곳 어디쯤, 사람의 눈이 가장 안 띄는 한적한 지점을 골라서 쪽배 하나에 의지해서 탈출했을까. 아니면 탈출을 하다가 힘에 부쳐서 결국은 파도에 휩쓸렸을까. 탈출에 실패한 원생들은 감금실로 끌려가서 모진 폭행을 당했을 것이다.

그렇게 생각에 잠겨 해변을 걷다보면 남생리가 나온다. 남생리는 가장 남쪽의 마을이다. 어느 어촌 마을에 온 것 같다. 마을회관 벽에 예쁜 꽃 그림들이 그려져 있다. 듬성듬성 부서진 집들도 있지만 사람이 사는 집은 깔끔하게 관리되고 있다. 훤칠한 키의 하늘을 찌를 듯 높게 자란 잘생긴 소나무들의 그늘이 드리워진 길을 걸으면서 파도 소리를 듣는다. 너무도 평화로운 섬의 둘레길이다.

그러다가 풍경과 사뭇 다른 매우 특이한 형태의 건물을 만난다. 이것도 일제강점기 때 지었다는데 식량창고로 알려져 있다. 바다를 통해서 이리로 식량인 먹을거리를 운반해와서 저장해놓았다고 하는데, 앞에 보이는 거금도까지 가서 산에서 나무를 해다가 들여오기도 했다고 한다.

건물은 박공지붕에 단층건물이지만, 긴 가로면 한쪽만 땅에 걸치고 있고, 다른 한쪽은 다리를 해변에 걸치고 있다. 그렇게 지은 이유를 알 듯도 하다. 건물 바로 밑으로 배가 들어와서는 건물 바닥으로 짐을 곧장 올리게 설계되었다. 그렇게 못 하는 큰 짐들은 창고 옆에 있는 선창가를 통해서 운반했다.

그런데 마을을 거닐다가 문득 깨달았다. 섬 어디에도 정박된 배가 없었다. 배는 이 섬에서는 탈출을 의미한다. 소록도 주변 바다에 양식장을 나타내는 부표들이 섬 입구 쪽에는 있지만 주민들이 생활하는 마을 쪽 바다에는 그것도 없다. 바다는 소록도 한센인들에게는 접근해서는 안 되는 금지의 구역이었다.

종교와 미담의 섬

소록도는 종교의 섬이기도 하다. 갇힌 섬 안에서도 행복을 약속하는 교회와 성당 등 종교 관련 시설들을 만나게 된다. 마을마다 교회가 없는 곳이 없고, 중앙공원 옆에는 소록성당과 원불교 교당이 있다.

한센인들은 자신들의 천형을 신앙을 통해서 구원받으려고 악착같이 종교에 매달렸다. 현재도 마찬가지다. 기독교의 경우 새벽 3시 45분에 새벽 예배, 오전 7시에 오전 예배, 오후 1시에 저녁 예배, 하루 세 번 예배를 올린다. 오후 1시가 저녁 예배라는 말이 이상해서 몇 번이고 확인을 했지만, 저녁 예배가 맞았다. 여기 사람들은 일찍 잠에 든다. 밤 9시면 소등을 해야 했던 일제 때부터의 전통이 지금도 이렇게 이어진다. 마을 사람들은 어둠이 가장 짙은 새벽 3시면 일어나 교회에 간다. 그렇게 예배당에서 무릎 꿇고 드리는 그 기도는 간절할 수밖에 없다. 그래서 교회는 마을 사람들의 생활을 절대적으로 지배한다. 모든 일정은 교회의 예배 시간과 병원의 진료 시간에 맞춰져 있다.

종교시설은 교회가 훨씬 많지만, 헌신적인 미담 사례는 주로 천주교 신부와 수녀 들의 사례가 주로 알려져 있다. 마리안느 수녀와 마가렛 수녀가 대표적이다. 그들이 존경받는 이유는 20대 시절에 이곳으로 들어와서 아무런 대가 없이 한평생을 봉사했다는 것만이 아니다. 그들은 장갑도 끼지 않은 손으로 한센인들의 상처를 어루만졌다. 그때만 해도 감히 누구도 흉내낼 수 없었다. 그게 1960년대라는 사실을 감안하고 생각해야 한다. 한센인들의 어머니라고 불

소록도에서 한평생을 봉사한 수녀들의 헌신을 기리는 공적비.

러도 좋을 그런 모습에 사람들은 감동했다. 그들은 늙어서 암에 걸리자 아주 조용히 섬을 떠났다. 한센인들에게 알려지지 않도록. 그외에도 의사며 간호사 중에도 아름다운 일화를 남긴 사람들이 많다. 그 오지에서 근무한다는 것 자체가 존경할 만한 일이다.

　　그런 사람 중에는 일본인 원장도 있다. 지금도 공적비가 남아 있는 병원의 2대 원장인 하나이 젠키치花井善吉 원장은 "1921년부터 1929년까지 8년 동안 재직하면서 원생들을 위해 선정을 베풀다가 이곳에서 사망"했다. 그는 초대 원장과는 달리 원생들의 요구를 적극적으로 수용했고, 종교의 자유도 허용했다. 그의 생전에 한센인들이 공적비를 세우려고 했으나 원장의 반대로 세우지 못하고 원장이 사망한 다음 해인 1930년에 원생들이 자발적으로 돈을 모아서 '창덕비'를 자혜의원 옆에 세웠다. "해방 후 자유당 정권의 일제 잔재 청산정책에 의해 비석이 폐기될 위기에 처하자 원생들이 몰래 땅에 묻어둔 것을 5·16 이후에 발굴하여 중앙공원 입구에 다시 세웠다가 1988년 원래의 장소로 옮겨 세웠다"고 기록은 전하고 있다.

이와 같은 선행과 미덕이 넘쳐나는 섬이 소록도지만, 정작 한센인 본인들의 이야기는 별로 없다. 오로지 피해자로서의 한센인만 있다. 한센인들이 주체적으로 무엇을 할 수 있는 인간이라고 보지 않았던 것이다. 늘 수혜를 받는 자리 아니면 수탈과 착취를 당하는 입장만이 있다. 그들에게는 권리가 없었다. 원생자치회가 있기는 하지만 병원의 막강한 권한에 비하면 미미한 권한만을 행사할 따름이다.

그렇지만 한센인들은 모진 핍박과 수모를 견디고만 있지는 않았다. 지독한 외로움에 시달리는 사람들은 가족을 만들었다. 임신을 하면 쫓겨나야 하는 엄격한 규율 때문에 섬에서 부부로 같이 살려면 낙태수술을 받아야 했다. 그렇게라도 해서 부부로 같이 살려고 했던 사람들은 한센인 중에서 양아들, 양딸을 삼기도 했다. 혈연으로 연결된 가족은 아니지만 그들은 그렇게 가족이 되어 힘든 세월을 서로 의지하며 견뎌냈다. 소록도 안에서도 마을 단위의 자치 공동체가 성장해서 서로 경제적인 어려움들을 해결하려고 애썼다. 훗날 소록도에서의 이런 노력이 1960년대 이후 전국의 정착촌의 형태로 이어졌다. 지독한 격리와 고립을 넘어서려는 소록도 안에서의 의지가 소록도 밖에서는 차별을 넘어서 경제적인 자립과 성공으로도 이어진 사례들도 있다. 나중에 한성협회로 통칭된 단체를 만들어서 자신들의 권리를 신장하려고도 했다.

그러니까 소록도에서 한센인들은 순종만 하는 삶을 살지는 않았다. 그곳에서 인간의 삶의 조건을 만들어내기 위한 지독한 노력에 대해서 앞으로 좀 더 다가가 귀 기울여야 할 것 같다.

당신들의 천국

소록도를 나와서 다시 녹동항으로 가지 않고 도양읍 외곽을 돌아서 77번 지방도를 따라 20분 정도 가다보면 오마삼거리(추모공원 삼거리)가 나온다. 거기에 오마간척 한센인 추모공원이 있다. 이청준의 소설 『당신들의 천국』의 배경이 된 오마도 간척사업이 이루어졌던 곳이다. 오마삼거리에서 공원을 등지고 보면 방조제가 있고, 그 옆으로 도로가 나 있다. 오른쪽은 너른 들판이다. 이게 다섯 개의 무인도(오마도, 고발도, 오동도, 분매도, 만재도)를 연결해서 만들어낸 간척지로 면적이 무려 330만 평이다.

대개 소록도병원장은 1년 미만의 임기 동안 잠시 머무는 자리였는데 군의관 출신의 조창원 원장은 1961년부터 1964년까지 4년 간, 이후에 다시 1970년부터 1974년까지 5년간 부임했던 인물이 다. 이청준의 소설은 조 원장이 한센인들의 자존감을 세우고 자립심 을 키우기 위해서 눈물겨운 노력을 한 것으로 그리고 있다. 소록도 안에서 한센인 간에 축구 경기를 열어주었고, 다른 지역에 원정 경 기를 가기도 했다. 이를 통해 한센인이 자신감을 찾게 한 뒤 경제적 인 자립을 위한 기반사업으로 간척사업을 구상하여 실행한 과정을 감동적으로 보여준다.

오마도 간척사업에 대해 모르는 분들이 많을 것 같아서 추모 공원에 세워진 설명을 옮겨본다. 아마도 가장 공식적인 설명일 것으 로 보여서다.

오마간척지(방조제) 조성

이곳 오마간척지 조성사업은 1962년 보사부 주관하에 소록도 음 성나환자들의 정착 목적으로 그해 6월 1일자로 정부로부터 사업 인가를 득하여 시작되었다.

이에 따라 당시 소록도 원생을 주체(당시 병원장 조창원)로 방조제 축조를 위하여 '오마도 개척단'을 창설하였으며, 방조제 축조공 사는 그해 7월 10일 착공하여 1964년 6월 56.7% 공정 상태에 서 본 사업을 보사부에서 전라남도로 이관하였다.

방조제를 축조하는 과정에서 수많은 나환자들의 희생과 노동력 이 수반되었으며, 본 사업권의 이관과 당시 지역주민들이 이곳에 나환자들의 정착 반대에 따라 나환자들은 방조제 절강 완공을 이루지 못하고 철수하였다.

이후 방조제 절강사업은 전라남도에서 완공하였고, 간척지 조성 사업은 농림부로부터 공유수면 매립면허를 얻어 1988년 12월 30일 고흥군에서 완공하였다.

이것으로 보면 총 26년 6개월의 공사 기간 동안 2,753미터의 방조제를 완성했고, 그로부터 330만평의 농지를 만들어 지역주민들에게 분양했다는 것이다. 하지만 여기에는 당시 정치인들의 기만이 있었다. 2년 6개월 동안 가장 어려운 공정을 거의 맨손으로 해낸 한센인들을 배제하고 결국 이들을 쫓아냈던 것이다. 국가의 배신이었다. 고흥군 주민들은 한센인들이 자신들의 지역에 정착촌을 만들까봐 공사장으로 몰려와서 기계도 부수고 폭행도 일삼았다.

소록도 사람들은 이 소설처럼 조창원 원장의 헌신과 그에 부응한 한센인들이 자발적인 노력으로 간척사업이 진행되었다고 보지 않는다. 현재까지 소록도에서 생활하면서 1950년대부터 소록도의 변화를 기억하고 있는 장인심 씨는 조창원 원장을 "우리 원생들이 눈물을 제일 많이 흘리게 한 사람"으로 기억한다. 그리고 그는 "맨날 권총을 가지고 다닌" 군인 출신, 운동장 집합에 늦었다고 목발 짚고 다니던 할아버지를 운동장 '뺑뺑이' 돌게 하고, 허락도 없이 집에 들어와서는 솥단지를 함부로 열어보던 사람이었다.

오마도 간척사업은 결과적으로 사기에 가까웠지 않았나 싶다. 원생들에게 제대로 된 임금도 지급하지 않고, 대신 전표를 주었지만 그 전표는 휴짓조각이 되었다. 물론 당시의 주민들의 한센인에 대한

차별도 문제겠지만 조 원장의 소록도 관리방식은 독재자의 그것과
다를 바 없지 않았을까.

오마도추모공원은 버려진 공원이다. 한센인들의 분노의 마음
을 달래기 위해서 만들었는지 모르지만 거기에 전시된 사진들도 색
이 바랬고, 전시물이나 조형물들도 수준 이하의 것들이 대부분이다.
이 공원을 보고 한센인들이 조금이라도 위안을 받을 수 있을까. 그
곳을 다녀온 사람들이 곳곳에 남긴 감상기를 보면, 그곳에서 바라보
는 석양을 처연한 아름다움이라고 표현했던데 언제 그곳에 가면 해
지는 석양을 보고 싶다. 자신들의 자립공간을 꿈꾸었던 한센인들,
그들의 원한이 서린 그곳에서 '당신들의 천국'을 위해 한센인들의
꿈을 처절하게 짓이겨버린 우리를 생각해보고 싶다.

광주 5·18 현장 (1)

처벌받지 않는 자들의 나라

독재자의 후예가 아니라면

2019년 5월 18일, 광주는 비에 흠뻑 젖어 있었다. 오전 10시부터 시작되는 5·18민주화운동 39주기 기념식. 문재인 대통령과 황교안 당시 자유한국당 대표가 참석해 긴장감이 더했다. 하늘은 언제고 비를 뿌릴 듯이 한껏 무거웠지만 기념식 내내 비는 내리지 않았다.

국립5·18민주묘지로 가는 길 양옆에는 이팝나무 꽃들이 지천이었다. 바람에 흩날린 흰 꽃잎들이 도로를 온통 뒤덮었다. 그 모습이 마치 흰 쌀밥이 흩뿌려진 것처럼 보여서 5·18 당시 주먹밥을 만들어 나눠주던 광주 사람들이 떠올랐다.

이날 기념식에서는 1980년 5월 27일 새벽, 도청에서 마지막 방송을 했던 박영순 씨가 마이크를 잡았다. 5월 18일부터 시작된 계엄군의 폭력 만행으로 사람들이 죽어나가고, 거기에 맞서 시민들이 총을 들고 싸웠던 그 열흘의 마지막날 새벽, 공수특전단을 비롯한 대한민국 정예군대의 진압작전이 시작되었다.

"시민 여러분, 지금 계엄군이 쳐들어오고 있습니다. 사랑하는 우리 형제, 우리 자매들이 계엄군의 총칼에 숨져가고 있습니다. 우리 모두 계엄군과 끝까지 싸웁시다. 우리는 광주를 사수할 것입니다. 우리는 최후까지 싸울 것입니다. 우리를 잊지 말아주십시오…"

쳐들어오는 계엄군과 맞서고 있는 긴박한 상황이 재연되었다. 당시의 영상을 배경으로 박영순 씨의 마지막 호소가 식장에 울려 퍼졌다. 도청에 있던 시민군들이 죽거나 연행되는 장면이 나오자 기념식장은 숙연해졌다.

이어서 그때 고등학생이었던 안종필 군의 어머니에 대한 사연이 소개되고, 조카가 얼굴도 못 본 삼촌이 죽은 뒤의 이야기를 편지로 읽으면서 장내는 눈물바다가 되었다. 그리고 문재인 대통령은 기념사를 하면서 한동안 말을 잇지 못했다. "독재자의 후예가 아니라면 5·18을 다르게 볼 수가 없습니다." 독재자의 후예 정당의 대표 면전에서 직격탄을 날리는 꼴이었다.

나는 2017년 37주기 기념식에도 참석했었다. 그 자리에서 문재인 대통령은 "5월의 죽음과 광주의 아픔을 자신의 것으로 삼으며 세상에 알리려 했던 많은 이들의 희생과 헌신도 함께 기리고 싶다"면서 1982년 광주교도소에서 광주학살 진상규명을 위해 40일간의 단식으로 옥사한 스물아홉 살 전남대생 박관현. 1987년 '광주학살 책임자 처벌'을 외치며 분신 사망한 스물다섯 살 노동자 표정두. 1988년 '광주학살 진상규명'을 외치며 명동성당 교육관 4층에서 투신 사망한 스물네 살 서울대생 조성만 그리고 1988년 '광주는 살아 있다' 외치며 숭실대 학생회관 옥상에서 분신 사망한 스물다섯 살 숭실대생 박래전을 언급했다. 생각지도 못했는데 내 동생 박래전의 이름이 불려졌다.

대통령은 1980년 5·18 당시에 죽은 이들만이 아니라 그 이후 광주 5·18의 진실을 알리고자 자신의 목숨을 던진 이들까지 같이 기리자고 했다. 광주 5·18은 1980년 5월에 끝난 것이 아니라 이후 이 나라 민주주의의 거대한 흐름을 만들어왔음을 역설했다. 벅찬 감동이 밀려왔다. 5·18은 광주만의 것이 아님을, 5·18의 진실을 알리고 문제의 해결을 위해서 목숨까지 바친 이들이 있었음을 처음 공식적으로 인정받는 순간이었다.

그렇지만 40년이 지난 지금까지 광주 5·18 문제는 풀리지 않았다. 최근에야 실종자 유해 발굴 사업이 다시 진행되고 있다. 광주교도소 인근의 공동묘지에서 신원 미상의 유골이 다수 발견되었기 때문이다. 그리고 아직 전두환의 사자 명예훼손 재판도 진행 중이다. 전두환은 건강상의 문제로 재판에는 나가지 않으면서 골프장에서 골프 치는 모습이 목격되는가 하면, 2019년 12월 12일에는 12·12쿠데타 주역들과 기념 오찬을 하는 모습도 들통났다. 진상규명도, 책임자 처벌도 이루어지지 않은 지금 '독재자와 그 후예'들이 여전히 길을 막고 있다.

'윤상원들'의 죽음

5·18항쟁의 현장을 보려면 옛 전남도청 앞 로터리, 지금의 5·18민주광장부터 가봐야 한다. 그곳이 항쟁의 핵심장소였다. 계엄군의 잔악한 학살에 항의하면서 광주 시민들이 모여들던 곳, 그리고 계엄군이 물러난 뒤에 매일 수천 명에서 20만 명까지 시민들이 모여서 궐기대회를 가졌던 곳이다. 지금은 너무 많이 변했다. 원형 분수대는 그대로 남아 있지만, 그 주변으로 버스며 자동차 들이 지나다니던 길은 광장으로 조성되어 있다.

금남로에서 분수대를 바라보고 서면 오른편에 정면이 잘려나간 옛 전남도청 건물이 있다. 그 뒤로는 전남도경이 있었다. 왼편에는 상무관이라는 작은 체육관이 있다. 광주의 각 지역에서 학살당한 시민들의 시신은 도청 상황실로 옮겨왔고, 그곳에서 염하고 입관했다. 관 뚜껑을 반쯤 열어놓고 가족을 찾아 헤매는 사람들이 알아볼 수 있게 했다. 인상착의도 적어놓았다. 사람들이 통곡을 하며 확인한 시신은 관 뚜껑까지 덮어서 상무관으로 보냈다. 그렇게 이곳에 모인 시신이 60구에 달했다.

이런 일들을 시민들이 자발적으로 했다고 하는데, 한강의 소설 『소년이 온다』에 나오는 것처럼 그중에는 여고생들도 있었다. 그러니까 소설 속의 장면은 실제로 있었던 이야기다. 처참하게 죽어간 시신들을 닦아내고 염을 하고 입관을 하는 일을 그들이 해냈다는 게 믿기지 않지만 그때의 광주에서는 그럴 수 있었다.

옛 전남도청은 호남 지역의 권력을 상징하는 곳이었다. 4·19

옛 전남도청. 건물 일부는 잘려나간 공간 그대로 남아 있다.

때도 군중은 도청을 향해 행진을 했다. 계엄군이 학살극을 벌이기 직전 광주 지역의 학생들과 교수 등 지식인들 그리고 시민들은 이곳으로 행진해와서는 '민족민주화성회'를 열었다. 항쟁 기간 중에는 분수대를 중심으로 모여들어서 연좌를 했는데, 분수대는 무대로 활용되었다.

1930년대에 지어진 도청 건물과 그 뒤의 전남도경 건물은 시민군이 장악하고 투쟁 거점으로 활용했던 곳이다. 도청에는 상황실이 있었고 거기에 항쟁 지도부가 활동했다. 같은 건물에는 광주 지역의 원로들로 구성된 시민수습대책위원회가 있었다. 이제 전남도청 건물과 전남도경 건물 뒤 옛 모습은 없다. 지하로 4층 깊이까지 땅을 파내고 거대한 광장과 건물을 만들었다. 그 자리에 국립아시아문화전당이 들어섰다. 그 지하의 공간에서는 각종 전시회와 문화행사 들이 줄을 잇는다. 그렇게 활용하는 것은 좋은데 현장을 보전한다는 것과는 거리가 멀었다. 원형 그대로의 보전만이 최선은 아닐 테지만, 너무 심하게 훼손해놓아서 원래의 모습을 상상해내기가 어려운 것은 문제가 아닐까 싶다.

다행히 회의실이 있는 도청 건물은 그대로다. 현재의 회의실을 그때도 회의실과 상황실로 썼고, 식당으로도 썼다. 거기서 주먹밥을 배불리 먹었다고 하는 증언도 있고, 상황이 급박한데 그곳에서 쓰러져 잤다고 한 사람도 있다.

2층 회의실 앞에 무대가 있고, 그 뒤편으로 출연자들이 대기하는 공간이 있다. 거기로 연결되는 나무 계단이 있고, 그 계단에서는 건물 뒤편을 내다볼 수가 있다. 시민군 대변인 윤상원은 그곳 계단에서 밖의 상황을 살피다가 계엄군의 총에 맞았다. 총 맞은 그를 바닥에 뉘어놨는데, 계엄군이 시신을 훼손했다고 한다. 그곳에는 그 사건에 대한 어떤 설명도 없다.

2018년 겨울, 윤상원이 쓰러진 그 자리에 나는 38년 만에 섰다. 1980년대 이후 민주주의가 시작된 바로 그 지점이다. 그의 죽음 위에서, 그리고 '윤상원들'의 죽음 위에서 이 나라의 민주주의는 시작되었다. 1980년대 초반에 대학에서 학생운동을 했던 나 같은 이들은 윤상원들의 죽음을 떠올리면서 수없이 되묻고는 했다. 죽음의 순간이 와도 피하지 않고 맞설 수 있냐고.

윤상원은 5·18항쟁의 핵심적인 인물이다. 1950년 광주 광산구 임곡동에서 태어난 그는 전남대에서 학생운동에 주도적으로 참여했다. 그러다가 졸업 후 1978년 서울에 있는 한 은행에 취직했다. 안정적인 직업이었지만 그 자리가 영 불편했다. 결국 6개월 만에 그만두고 광주로 내려와 공장에 위장취업을 했다. 그러면서 먼저 야학운동을 하던 박기순을 만나 들불야학에 참여했다. 1980년 광주 5·18을 맞아 그는 모든 언론들이 봉쇄되어 있는 상황에서 들불야학 사람들과 『투사회보』를 만들었다. 『투사회보』는 언론들이 계엄당국의 발표만 그대로 옮기는 상황에서 정확하게 상황을 전파해야 할 필요성 때문에 만들어졌다. 복사기도 아니고 철필로 필경을 해서 등사기로 밀어내는, 갱지로 된 소식지였다. 9호와 10호에서는 『민주시민회보』로 이름이 바뀌었다.

여러분! 우리는 저들에 맞서 싸워야 합니다. 그냥 도청을 비워주게 되면 우리가 싸워온 그동안의 투쟁은 헛수고가 되고, 수없이 죽어간 영령들과 역사 앞에 죄인이 됩니다. 죽음을 두려워하지 말고 투쟁에 임합시다. 우리가 비록 저들의 총탄에 죽는다고 할지라도 그것이 우리가 영원히 사는 길입니다. 이 나라의 민주주의를 위해 끝까지 뭉쳐 싸워야 합니다. 그리하여 우리 모두가 불의에 대항하여 끝까지 싸웠다는 자랑스러운 기록을 남깁시다. 이 새벽을 넘기면 기필코 아침이 옵니다.

— 전남대 안에 세워진 윤상원 열사의 기념비에 새겨진 글 중에서

윤상원은 도청 항쟁지도부의 대변인 역할도 했는데 이것이 그의 마지막 연설이다. 그는 계엄군이 도청 진압을 감행할 것을 알았다. 5월 26일 밤에 그는 여성들과 미성년 학생들을 등 떠밀어 내보냈다. 너희들은 살아서 역사의 증인이 되라 하면서. 그렇게 도청을 나오게 된 사람들은 엄청 울었다고 한다. 도청에 남아 "영원히 사는 길"을 선택한 이들은 가난한 사람들이었다. 대학생이나 지식인이기보다는 이름 없는 민초들, 민중이 주축이었다.

마지막 도청을 사수하다가 죽은 '윤상원들', 그들의 죽음은 살아남은 이들의 심장에 박힌 가시였다.

갑자기 여자의 목소리가 정적을 깨뜨렸다… 그녀의 목소리는 캄캄한 도시에 울려 퍼지고 있었다… 나는 귀를 기울였다. 그리고 기다렸다. 열리는 문소리, 길거리를 내닫는 발소리는 전혀 들리지 않았다. 광주 사람들은 다 어디로 간 것일까? 집 안에 들어앉아 문을 걸어 잠그고 있었다. 문고리를 푸는 소리, 거리에 걷는 발자국 소리는 어디에도 들리지 않았다.

— 김정인 외, 5·18기념재단 기획, 『너와 나의 5·18』 중에서

그날 새벽 3시 30분부터 계엄군은 진압작전을 시작했다. 광주 전체를 장악하기 위해 동원된 계엄군은 모두 2만 명이 넘었다.

도청은 공수부대가 맡았다. 사방에서 밀고 들어오고, 헬기에서 로프를 타고 내려오기도 하면서 도청을 쉽게 장악했다. 그때 도청에만 200여 명이 남아 있었지만 제대로 응사하지도 못했다. 총으로 사람을 쏜다는 게 쉬운 일이 아니었을 것이다. 그곳에서 최소 17명이 죽었다. 계엄군은 그 시신들을 담요 등으로 둘둘 말아서 트럭에 싣고 갔다. 계엄군은 살아남은 자들의 웃옷 등짝에 '폭도' '극렬분자'라고 써서 구분했다. 체포된 이들은 죽음 같은 고통이 기다리던 상무대 영창으로 옮겨졌다. 새벽 5시 20분에 진압작전은 끝났다.

도청에서 '윤상원들'이 죽었다. 그날 새벽 잠 못 드는 사람들에게 영원히 지워지지 않을 부끄러움, 죄책감, 부채감을 남겼다. 광주에서만이 아니었다. 소식을 뒤늦게 전해들은 누구에게나 온몸 떨리는 고통을 주었다. 그러나 도청에서 계엄군의 총에 죽어간 사람들은 윤상원의 말처럼 영원히 살아남아서 사람들을 민주주의를 위한 투쟁으로 이끌었다. 1980년대 그토록 지독한 독재와 맞서 싸울 수 있는 용기와 힘은 거기에서 나왔다. 4월혁명이 5·16쿠데타 세력에 의해 잠식되었던 것과는 달리, 1980년 5월 27일의 전남도청은 1980, 1990년대 청년들에게 목숨과도 바꿀 수 있는 민주주의에 대한 염원을 심어주었다. 광주의 도청은 그렇게 살아 있는 사람들에게 살아남았다.

묘지에도 남은 불처벌의 흔적

5·18 때 현장 사망자는 165명이었다. 진압을 마친 계엄군이 이들을 청소 트럭에 싣고 와서 서둘러 매장했다. 1997년 지금의 국립 5·18민주묘지로 이장할 때 시신을 감쌌던 비닐과 피 묻은 태극기가 나왔다. 학살당한 '폭도'들은 최소한의 존중도 받지 못한 채 서둘러서 이곳에 묻혔다.

망월동 묘역은 광주시립묘지다. 그곳 제3묘역이 우리가 말하는 망월동 구묘역이다. 이곳에 광주 5·18 때 사망한 시민들 126구가 묻혔다. 그렇게 많은 이들이 묻히다보니 그 묘역은 민주화운동의 성역이 되어갔다. 그러자 전두환 정권은 유족들을 협박하고 회유하여 27구를 다른 곳으로 이장시켰다. 물리적인 힘으로는 망월동 묘역을 찾는 발길을 막지 못하니 아예 묘역을 해체하려고 한 것이다.

1997년 국립묘지로 이장한 뒤에 묘지의 형태는 그대로 두었다. 그러니까 지금 구묘역에 있는 5·18항쟁 희생자들의 묘들은 모두 헛묘다. 1987년 6월항쟁 때 최루탄을 맞고 사망한 연세대생 이한열이 이곳에 묻힌 게 그해 7월 9일이었다. 광주 시민들은 도청에서 광주의 아들을 맞았고, 밤에 횃불을 켜 들고 묻었다. 그런 뒤로 광주 지역만이 아니라 전국의 민주화운동 과정에서 사망한 학생, 노동자, 사회운동 지도자, 활동가 등이 50명가량 이곳에 묻혔다. 그중에는 김남주 시인도 있고, 최근에 경찰의 물대포로 사망한 백남기 선생도 있다. 일부러 그렇게 만든 게 아닌데, 5·18과 그 뒤에 이어진 민주화운동의 역사가 그곳 망월동 묘역에 자연스럽게 어우러져

5·18 때 사망한 시민들이 묻힌 망월동 구묘역.

있다.

　구묘역은 애도와 추모의 현장이다. 묘역 중앙에 대형 태극기가 조기로 걸려 있지만, 떠들썩한 관 주도의 행사는 없다. 평상시에는 조용히 묘소를 둘러볼 수 있다. 이곳에 오면 묘지 옆에 앉아서 묏등의 잡초를 뽑기도 하면서, 이제는 볼 수 없는 고인들과 많은 이야기를 나누던, 그러다가 묏등 위에 엎어져 울기도 하던 소복의 어머니들이 떠오르고는 한다.

　이곳에 영화 〈택시운전사〉로 이름이 더 많이 알려진 위르겐 힌츠페터를 추모하는 공간도 조성되어 있다. 그의 작업으로 광주 5·18은 세계로 알려졌다. 우리 세대는 그가 현장에서 찍은 사진과 영상으로 광주 5·18의 실체를 알게 되었다. 비밀회합을 갖고 그의 비디오를 보면서 분노를 억누르던 때가 생각난다. 그는 죽으면 광주에 묻어달라고 했는데, 구묘역 입구 한편에 있는 기림비에는 그의 머리카락과 손발톱을 넣어두었다.

　구묘역 입구에는 전두환 부부가 민박을 했던 그 동네에 세워졌던 비석을 바닥에 깔아놓았다. 사람들이 전두환이라는 이름을 밟고 가도록 한 것이다. 전두환은 수없이 많은 발길에 밟히고 능욕을 당하고 있다. 그럼에도 그는 지금까지도 자신의 범죄를 인정하지 않는다.

　구묘역을 넘어서 이어진 길을 따라가면 국립5·18민주묘지다. 정부의 기념식이 열리는 곳이다. 국립묘지들이 그렇듯이 천편일률적이고 권위적인 구성과 배치로 만들어져 있다. 40미터 높이의 추모탑에 무슨 감동을 받을까. 담장 뒤로 일렬횡대로 도열한 듯한

40미터 높이의 5·18민주항쟁 추모탑.

5·18 열사들의 무덤들도 그렇다. 획일적인 묘지의 배치는 현충원의
그것과 닮았다. 추모탑 양쪽의 대형 조형물들도 당시 광주 시민들을
닮지 않았다. 이곳은 참배의 공간일 뿐, 자연스럽게 그날의 감동을
되살리고 공감하는 곳과는 거리가 멀다. 다만 국립묘지 오른편에 있

는 추모관은 돌아볼 필요가 있다. 광주의 다른 곳에서도 볼 수 있지만, 5·18항쟁의 전 과정을 일목요연하게 정리해두었다. 무엇보다도 망월동 구묘역의 생성 과정과 역사를 알 수 있다.

구묘역이든 국립5·18민주묘지든 무덤 앞에 서면, 특히 10대 청소년들의 무덤, 무명인들의 무덤, 실종자들의 묘역 앞에 서면, 이들은 억울하게 죽었는데 아직 죽었다고 인정하는 이가 없는 현실을 돌아보게 된다.

학살자에 대한 처벌이 중단된 이후 한국 사회에서 정의를 향한 길은 더욱 험난해졌다. 만약 전두환과 그 일당이 대법원의 확정 판결대로 지금까지 감옥에서 복역을 하는 처벌을 받고 있었다면 그들의 후예들, 냉전 반공 독재 세력은 힘이 많이 약해졌을 것이다. 막연한 '역사의 단죄'가 아니라 구체적인 가해자에 대한 처벌은 정의를 실현해가는 중요한 계기가 될 수 있는데, 광주 5·18학살 책임자들과 그 명령에 따른 실행자들을 처벌하지 못함으로써 우리는 과거의 불행한 전통과 단절할 수 있는 좋은 기회를 놓쳐버렸다.

광주의 광장 금남로에서

금남로는 서울로 치면 광화문과 같은 곳이다. 시민들은 정치적 표현의 길이 막힐 때면 으레 거리로 나와 광장에 모였다. 4월혁명과 6월항쟁 때, 그리고 촛불항쟁 때마다 청와대로 가는 길목인 광화문으로 사람들이 모였듯이 광주에서는 전남도청이 있는 금남로로 집결해서 "가자! 도청으로"를 외쳤다. 금남로의 끝에 분수대가 있고, 분수대 바로 뒤로 전남도청이 있었기 때문이다.

금남로에 서면 목숨을 걸고 계엄군에 맞서던 시민들이 생각나지 않을 수 없다. 전남대에서부터 쫓겨온 학생들이 모여든 곳도 금남로였다. 학살 만행에 분노한 택시기사와 버스기사들이 5월 20일 밤에 무등경기장에서부터 이곳까지 차량 시위를 가졌다. 그날 밤의 차량 시위는 광주 시민들에게 새로운 힘을 불어넣었다. 시내 곳곳에서 상상할 수 없는 계엄군의 폭력에 쫓겼던 시민들도 금남로로 모여들었다. 1980년 5월 21일은 부처님 오신 날이었다. 그날 오후 1시 애국가가 도청에서 흘러나오는 걸 신호로 집단발포가 있었고, 헬기 사격이 있었다. 그때 금남로에 모인 시민들은 일단 흩어졌다가 광주와 광주 인근의 경찰서 등지에서 무기를 확보하고 무장한 뒤에 금남로로 다시 집결했다. 그날 밤 계엄군은 철수했고, 시민들이 밤 8시에 도청을 점령했다.

이후 5월 22일부터 계엄군이 도청을 진압할 때까지 5일여 동안은 일시적으로 시민 권력이 형성되었다. 그 짧은 시기에 시민들은 놀라운 자치공동체를 만들었다. 계엄군에 의해서 완전히 고립된 가운데, 병원에는 헌혈하려는 시민들이 길게 줄을 섰고, 양동시장과 대인시장 등에서는 주먹밥을 만들어서 날랐다. 시민군은 시민들의 박수와 환영을 받았다. 5·18 직전 광주 지역 대학생들이 횃불을 들고 민족민주화성회를 열었던 분수대를 둘러싸고 매일 결의대회가 열렸다. 억압 권력이 사라진 그 자리에는 피와 밥의 '절대공동체'가 들어섰다.

병원 문이 미어지게 사람들이 모여드는 거예요… 내가 피라도 내가 이렇게 빼서 부상자들을 치료해줘야지. 내가 광주 시민이고, 인륜 도덕에 맞는 행위지. 안성례

누가 누구에게 지시를 하거나 부탁한 사실도 없는데, 어디선가 관이 오고 어디선가 태극기가 오고, 누군가 그 시민 돌아가신 분들에 대한 염을 하고, 입관을 하고 이런 것들이 자연스럽게 이루어진 겁니다. 박남선

인간이, 인간에 대한 배려를 이렇게, 이렇게까지 깊고 넓게 할 수 있겠구나. 이런 것들이[을] 전부 그 우리 모두 공유하게 된 겁니다. 정현애

　　　　　— 김정인 외, 5·18기념재단 기획, 『너와 나의 5·18』 중에서

극심한 폭력 끝에 찾아온, 아니 시민들이 자발적으로 만들어낸 공동체. 그래서 한 시민군은 이들을 위해서라면 죽을 수도 있다고 생각하게 되었다.

가는 곳마다 넘치는 시민들의 격려와 보살핌은 어느새 나의 두 눈에 눈물이 고이게 했다. 아무리 눈물을 흘리지 않으려고 애를 써도 그러면 그럴수록 가슴은 뜨거워졌고 눈시울은 젖어 마침내 눈물은 볼을 타고 흘러내리기 시작했다. 아무런 의미도 부여할 필요가 없었다. 나는 자연스럽게 죽음마저도 각오하고 있었다. 이세영

　　　　　— 김정인 외, 5·18기념재단 기획, 『너와 나의 5·18』 중에서

옛 전남도청 앞에서 바라본 전일빌딩.

5·18항쟁 이후에도 금남로는 뜨거웠다. 전두환 정권에 맞서는 집회와 시위는 이곳에서 주로 벌어졌다. 최루탄과 곤봉으로 무장한 전경들과 화염병과 각목으로 무장한 학생 시위대가 첨예하게 맞붙던 곳이었다. 학생운동은 1980년 5월 이 거리에서 "전두환 처단"을 외친 시민들의 열망을 실천해가며 성장했다. 1990년대 초까지 학생운동의 중심에는 늘 5·18항쟁의 후예들이 있었다.

1989년 의문의 사체로 발견된 중앙대 총학생회장 이내창, 조선대생 이철규, 1991년 노태우 정권의 백골단에 맞아 죽은 명지대생 강경대, 그리고 그 죽음에 이어 항의 분신한 전남대생 박승희 등의 열사들의 장례 코스 중에 꼭 금남로 노제가 포함되었다. 일진일퇴의 공방을 벌여서 기필코 자리를 확보하고 광주 시민들의 결의를 모아냈던 곳이 이곳이었다. '해방의 땅 금남로', 그렇게 기억되던 시기가 있었다.

금남로에서 도청으로 가는 길, 분수대에 다다르기 직전 왼편에 전일빌딩이 있다. 이곳은 언론기자들의 취재 거점이었고, 5월 27일 새벽에도 시민군들이 마지막 투쟁을 벌였던 곳이다. 2016년 12월 13일, 전일빌딩 10층에서 헬기 총탄자국이 발견되었다. 광주시는 이 건물을 매입한 뒤 허물고 5·18광장을 확장하려는 계획을 갖고 있었다. 하지만 헬기 사격의 증거가 발견되면서 계획은 변경되어 탄흔이 발견된 9층과 10층을 원형 보전해서 '5·18기념공간'으로 쓰기로 했다. 철거로 사라질 뻔했던 5·18의 중요한 장소가 살아남은 것은 다행이다.

지금까지 5·18 책임자들은 물증이 존재하지 않는다면서 헬기 사격을 부인해왔다. 그런데 전두환이 회고록에서 "5·18 당시 헬기 기총소사는 없었던 만큼 조비오 신부가 헬기 사격을 목격했다는 것은 거짓"이라며 고인이 된 조비오 신부를 "파렴치한 거짓말쟁이"라거나 "사탄"이라고 비난한 게 도리어 거짓임이 드러나는 계기가 되었다. 그 사건으로 현재 전두환에 대한 재판이 진행 중이다.

1993년 광주 5·18유족회, 부상자회를 비롯한 5월 단체들과 광주의 시민사회단체들은 인권적으로 무척 의미 있는 중요한 결정을 내린다. 노태우에 이어서 대통령에 당선된 김영삼은 광주 5·18에 대한 책임자 처벌을 피하면서 '역사의 심판'에 맡기자고 발표했지만, 광주는 거부했다. 그해 5월 단체 등은 여러 번의 논의 과정을 거쳐서 광주 5·18 문제 해결 원칙을 천명했다. '1.진상규명 2.책임자 처벌 3.배상 4.명예회복 5.기념사업'이라는 광주 5·18 해결 5원칙이었다. 이 원칙에 따라 광주 5·18 책임자를 처벌하기 위한 투쟁을 전개했다. 뒤이어 이들 단체들은 1994년에는 전두환 등 12·12군사반란과 5·18학살에 대한 고소고발운동을 펼치게 된다. 그때 검찰은 불기소 결정을 내리면서 "성공한 쿠데타는 처벌할 수 없다"고 밝혔다.

하지만 이런 검찰의 불기소 결정에 대해서 광주 5월 단체들만이 아니라 전국민적 저항이 일어났다. 1995년 12월 국회는 '헌정질서 파괴 범죄의 공소시효 등에 관한 특별법'과 '5·18민주화운동 등에 관한 특별법'을 통과시켰고, 곧바로 법이 제정되어 시행되었다. 이에 따라 전두환, 노태우 등 이른바 신군부 핵심 16명이 기소되어 법정에 섰고, 이중 15명에 대해서 1997년 4월 대법원은 유죄를 확정했다. 전두환은 무기징역과 추징금 2,205억 원, 노태우는 징역 17년과 추징금 2,628억 원 등이었다. 이로써 이들은 17년 만에 12·12군사반란과 5·18내란 주동자로 인정되었고, 광주 시민들은 폭도의 누명을 벗게 되었다.

그러나 1997년 12월 15대 대통령 선거에서 승리한 김대중 대통령 당선자는 김영삼 대통령과 만나 전·노 사면에 합의했다. 영호남 지역감정 해소, 국민통합이라는 명분이었다. 이에 따라 그해

성탄절 특사로 전두환과 노태우 등 유죄를 확정받은 신군부 핵심 관련자들이 모두 석방되었다. 이때의 정치적 행위는 이후 한국 민주주의의 역사에 불길한 기운을 만들었다. 기대했던 것과는 달리 영호남 지역감정이 사라지지 않았고, 국민통합도 이뤄지지 않았다. 도리어 전두환은 끊임없이 현실정치에 개입하면서 자신들의 범죄를 부인해왔다. 정치적 논리에 의한 잘못된 결정은 이후 우리가 익히 아는 것처럼 한국 민주주의를 왜곡하는 중요한 요소로 기능하게 된다.

우리나라에서는 '과거청산'이라고 부르지만 국제인권법에서는 '불처벌impunity'이라는 개념을 사용해서 처벌의 중요성을 강조한다. 과거청산의 핵심은 반인권 행위를 한 책임자들을 처벌하는 데 있다고 본 것이다. 유엔은 1993년 6월 오스트리아 빈에서 열린 세계인권대회에서 '빈 인권선언 및 행동계획Vienna Declaration and Programme of Action'을 채택하는 등의 과정을 통해서 반인륜적 범죄를 저지른 자들을 처벌하는 행동을 지지해왔다.

유엔인권위원회의 '차별방지 및 소수자보호 소위원회'의 결의(제1995/35호)인 〈인권침해자의 불처벌에 대한 투쟁을 통해 인권을 보호하고 신장하기 위한 일련의 원칙〉은 국가폭력 청산에 관한 국제인권법의 발전 현황을 보여준다.

소위원회의 결의를 간추리면 ① 피해자뿐만 아니라 국민 전체가 진실을 알 권리, ② 공정한 조사위원회의 구성과 그 활동의 보장, ③ 진상조사 기록의 보존과 공개, ④ 책임자 처벌에 대한 요구, ⑤ 국제 법원·외국 법원에 대한 관할권 보장, ⑥ 공소시효, 사면 등의 배제와 제한, ⑦ 국가의 배상의무, ⑧ 국가의 책임인정, 공식기록화, 기념사업 등 상징적 조치, ⑨ 관변 폭력집단의 해체, 비상 입법과 비상 법원의 폐지 등으로 요약할 수 있다.

— 이재승, 『국가범죄』 중에서

이와 같은 원칙을 천명하는 작업을 주도한 이는 유엔 인권특별보고관 루이 주아네Louis Joinet였고, 그에 따라 이 원칙을 담은 보고서를 '루이 주아네 보고서'로 통칭하고는 한다. 그러니까 광주 5·18 단체들이 만든 5원칙은 국제인권법의 내용에도 부합된다.

이에 비추어 5·18민주화운동은 어디까지 해결되었을까. 이전에 일곱 차례에 걸쳐서 진상규명 작업이 진행되었다고 하지만 처음 두 차례는 전두환 정권 시절에 있었던 일이므로 진실을 규명하기보다는 은폐하는 데 초점이 맞추어졌다. 그 뒤에는 1988년 국회의 5·18 청문회, 1995년 검찰 및 국방부 조사, 1996~1997년 검찰의 기소와 대법원의 판결, 2007년 국방부 과거사진상조사위원회 조사, 2017년 국방부 특별 조사 등의 과정을 거쳤다. 그렇지만 아직까지 진실은 규명되지 못하고 있다. 최근에 헬기 사격 사실이 밝혀졌고, 희생된 이들의 시신을 공군 수송기로 이동시켰다는 증언들이 나오고 있고, 여성들에 대한 성폭력 문제도 드러나고 있다. 처벌되어야 할 국가범죄를 제대로 단죄하지 못한 후과를 한국 사회는 지금도 치르고 있다. 전두환과 노태우는 전직 국가원수의 예우는 박탈당했지만, 여전히 국가의 경호를 받는다. 학살을 주도한 세력에 대해서는 조사도 이뤄지고, 일부 책임을 묻기도 했지만, 당시에 신군부의 명령에 복종해서 학살 업무에 종사했던 수많은 군인과 경찰을 포함한 공무원들은 퇴출되지 않았다. 당시의 보안대에 근무하면서 고문을 자행했던 자들의 이름과 행적 들은 정확히 조사조차 되지 않았다.

그러다보니 전두환의 부인인 이순자는 회고록에서 전두환을 "민주주의의 아버지"라고 칭송하고, 당시 자유한국당 의원들은 지만원의 주장을 액면 그대로 수용하여 북한군 침투설을 주장하거나 5·18 유공자 명단 공개 등을 주장하면서 5·18 관련자들의 명예를 훼손한다. "5·18민주화운동을 부인·비방·왜곡·날조하거나 관련 허위사실을 유포한 자는 7년 이하 징역 또는 7000만원 이하 벌금에 처한다"는 등의 내용이 추가된 '5·18민주화운동 등에 관한 특별법 개정안'이 2019년 정기국회에서 논의되었으나 입법까지는 이르지 못했다. 다행히 '5·18민주화운동 진상규명조사위원회'가 구성되어 활동에 들어갔다.

"용서가 있으려면 정의구현과 참회가 선행되어야 한다"는 루이 주아네 보고서의 지적이 여전히 금남로 구석구석에서 울리고 있다.

기록의 힘

금남로 중간에 있는 옛 가톨릭센터에 5·18민주화운동기록관이 2015년에 들어섰다. 이 기록관에는 관람하러 오는 학생들로 항상

5·18민주화운동기록관 6층에 전시되어 있는 '진실의 눈'. 이곳 창문으로 금남로 거리를 한눈에 볼 수 있었다. (사진 제공: 5·18민주화운동기록관)

붐빈다. 이곳에서는 학생들에게 5·18만이 아니라 인권교육도 열심히 진행한다.

그 건물에 들어서면 온몸이 긴장한다. 1층에는 5·18항쟁의 배경에서부터 상세하게 항쟁의 과정을 소개한다. 눈길을 끄는 전시물 중에는 광주공용터미널에서 발견된 시신 2구를 실었던 리어카다. 시민들은 시신 위에 태극기를 덮고 시내를 돌아서 금남로로 왔다. 이 리어카를 따라서 분노한 시민들이 모여들었고, 이후 계엄군에 처절한 저항을 했다. 이 리어카의 등장으로 소문으로 듣던 계엄군의 잔인한 학살을 두 눈으로 확인하게 되었기 때문이다.

그와 함께 큰 양은 대야도 눈에 들어온다. 시민들이 도청 앞으로 모여들고, 시민군이 형성되어 계엄군과 싸우는 과정에서, 그리고 계엄군이 물러난 다음에도 양동시장과 대인시장 등지에 주먹밥을 만들었던 그 대야다. 주먹밥은 5·18항쟁의 정신, 광주의 상징으로 자주 거론된다. 주먹밥의 정신은 '대동大同세상(자치공동체)'이다. 차별 없고 모두가 하나 되는 세상의 꿈을 일시적이나마 시민들의 투쟁으로 만들어냈던 광주를 의미한다. 광주는 피의 공동체였고, 밥의 공동체였다. 이 대동세상에 대한 지향은 이후 민주화운동으로 이어졌다.

2층으로 올라가면 5·18항쟁을 일자별로 보여준다. 그리고 광주의 항쟁이 전라남도 전역으로 확대되어가는 과정, 5·18항쟁이 민주화운동으로 발전해가는 과정도 볼 수 있다. 무엇보다 눈에 띄는 건 항쟁 당시의 선언문들이다. 누렇게 색이 바랜 종이에 새겨진 글자들이 있다. 이곳에서 〈임을 위한 행진곡〉의 원본 악보도 만날 수 있다.

3층은 유네스코 세계기록유산으로 등재된 5·18항쟁기록물들을 볼 수 있는 공간이다. 정부, 국회 등 공공기관에서 생산한 기록물만이 아니라 시민들의 구술, 증언 자료, 항쟁 당시의 각종 선언문, 결의문, 시민들의 당시의 일기 등이 있다. 그리고 현장에서 어렵게 찍었던 사진과 필름자료도 있다.

광주는 기록 작업에서도 선도적이었다. 민간단체들이 항쟁 직후부터 기록들과 자료들을 모으기 시작했고, 1994년에 만들어진 5·18기념재단과 광주시가 본격적으로 나서 이 결과들을 꾸준히 자료집으로 엮어서 발간했다. 그러다가 2010년에 유네스코에 등재 신청을 했고, 1년 동안의 심의 끝에 인권 분야 세계기록물로 등재되었다. 국제 사회도 5·18항쟁의 중요성을 인식하고 인정했음을 의미한다.

항쟁의 초기부터 이 기록들이 꾸준히 수집되어 보관되지 않았다면, 신군부 집권 세력은 자신들의 기록으로 5·18항쟁의 역사를 정반대로 기술했을 것이다. '폭도들의 반란' '정당한 공권력의 행사'라는 논리가 공고해졌을 것이다.

이 기록관 중에서 꼭 들러야 할 곳은 6층이다. 6층 복도의 액자에는 "사제는 가난하고 소외된 사람들에게 다가가야 합니다. 저는 그렇게 살지 못해 지금도 반성하며 살고 있습니다"란 글이 영문과 함께 쓰여 있다. 1980년 당시 윤공희 대주교의 집무실이 복원되어 있는 곳이다. 윤공희 대주교는 1973년부터 2000년까지 광주의 가톨릭 지도자로서 5·18항쟁의 평화적인 문제해결을 위해 힘쓴 인물이다. 이 집무실에서는 금남로가 한눈에 들어온다. 윤공희 대주교는 이곳에서 계엄군에 쫓기는 청년들도 보았을 것이다. 그런 모습을 지켜보면서도 아무것도 하지 못했던 그의 참담한 심정도 느껴지는 듯하다. 그런 점에서 이 건물도 그날의 목격자다.

전두환 세력은 1980년 광주에서 학살을 통한 진압에 성공했고, 집권까지 성공했지만, 광주를 굴복시킬 수는 없었다. 권력으로 억압은 했지만, 민주화라는 방향을 완전히 통제하지는 못했다. 군림할 수는 있었으나 지배할 수 없었던 권력은 광주로부터 나온 힘에 의해서, 그리고 5·18항쟁을 이은 민주화투쟁 끝에 무너져내렸다. 민주주의의 장엄한 역사는 그렇게 이곳 금남로에서 시작되어 지금도 진행 중이다.

40년이 지난 지금도 광주는 5·18항쟁을 왜곡하고, 폄훼하려는 세력에 맞서서, 진상규명과 책임자 처벌을 위해 싸우고 있다. 아마도 이 싸움은 중단된 학살자의 처벌이 이뤄질 때까지, 그래서 정의가 세워질 때까지 계속될 것이다.

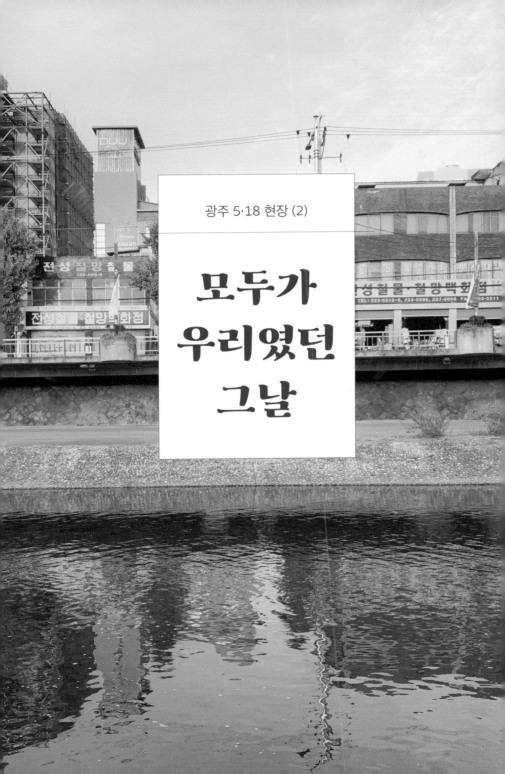

광주 5·18 현장 (2)

모두가
우리였던
그날

광주천 남쪽에서 만나는 5·18항쟁

외지 사람들에게는 조금 덜 알려진 5·18항쟁의 흔적을 찾으려면 지도를 한번 살펴볼 필요가 있다. 광주는 도시를 가로지르는 광주천을 사이에 두고 북쪽과 남쪽 지역으로 나뉜다. 북쪽에는 전남도청과 전남도경이 있었다. 그 앞의 도로가 금남로와 충장로이고, 이 일대가 구도심이다. 정치적·사회적으로 중요한 일들이 대부분 이곳에서 벌어졌다.

1980년 5·18광주민주화운동의 격전지도 광주천 북쪽 구도심이었으므로 매년 5·18 기념행사들은 주로 이곳에서 진행된다. 5월 광주를 찾는 사람들은 망월동 묘역, 전남대와 광주역 일대를 거쳐서 도청 앞으로 오게 마련이다. 전남도청 앞 5·18민주광장 주변에 상무관과 전일빌딩이 있고, 인근에 녹두서점 옛터, YMCA와 YWCA 옛터 등 항쟁과 관련한 유적지들이 몰려 있기 때문이다.

그러나 5월 광주는 전남도청과 금남로에만 있던 것이 아니다. 광주 전역과 시 외곽 지역, 그리고 전라남도 일대까지 항쟁의 배경이 되었다. 그러니 이미 구도심의 유적지를 방문한 사람이라면 한

번쯤은 광주천 아래 지역에 가보면 좋겠다. 거기서 지금껏 보지 못한 광주를 새롭게 만날지도 모른다.

광주천은 무등산에서 시작되어 증심사 앞, 학동 배고픈 다리(홍림교)와 원지교, 양림동과 양동시장 주변을 지나서 영산강과 합류한다. 이 광주천을 따라서 서양 근대문물이 들어왔다. 요즘 광주시에서 개발 붐이 일고 있는 양림동은 광주천을 따라 올라온 서양의 기독교 선교사들이 주로 머물렀던 곳이다. 그리고 광천동 일대에는 방직공장을 비롯해서 근대적인 공장들이 들어섰다. 구도심에 정치적·문화적 거점이 형성되었다면, 광주천 이남으로는 노동자들과 서민들이 밀집한 생활 거점, 생산 거점이 만들어졌다고 할 수 있다.

광주천 남쪽 지역은 아직은 본격적으로 항쟁의 역사 안에 들어가지 못한 이들의 이야기들을 확인할 수 있는 곳이다. 이들은 시민군이었으며, 또 시민군에게 주먹밥을 만들어준 시민이었다. 그러니 도청과 금남로의 항쟁도 이 지역 사람들의 적극적인 참여 없이는 불가능했을 것이다.

평화로운 공원이 된 농성광장

농성광장은 지금의 광주 지하철 농성역 옆에 있다. 1번 출구로 나오면 삼각형의 숲지대가 보이는데, 그곳에 5·18유적지임을 알리는 조그만 표지석이 서 있다. 5·18기념재단 홈페이지에는 이곳을 이렇게 소개하고 있다.

농성광장의 5·18유적지 표지석. 항쟁의 기억은 희미해지고 평화로운 공원으로 남았다.

항쟁 당시 농성교차로 광장 한복판에서는 송정리 방향 넓은 도로에서 수백 명의 시민들이 계엄군과 대치를 이루며 일진일퇴를 거듭했다고 한다. 계엄군들이 던지는 최루탄에 맞서는 시민들의 무기는 돌멩이와 벽돌뿐. 농성교차로 광장은 학생들과 아주머니, 장년에 이르기까지 수백 명의 시민들이 계엄군과 대치하면서 맞서 싸운 곳이다.

이곳은 5월항쟁 기간 중 초기에는 크게 중요하지 않은 곳이었다고 한다. 그런데 전남도청에서 철수한 계엄군이 5월 22일부터 이곳에 통제선을 설치하고, 시민들의 이동을 차단했다. 그러자 시민군도 이곳에 바리케이드를 설치하고 계엄군과 대치했다. 계엄군이 이곳에 통제선을 설치한 것은 이곳을 중심으로 서쪽이 상무대, 505보안부대, 국군병원 등이 있던 전교사(전투교육사령부) 관할 군사 지역이었기 때문일 것이다. 계엄군으로서는 더 이상 밀릴 수 없는 곳이었다.

1980년 5월 26일 새벽, 계엄군이 탱크를 몰고 광주시 외곽에서 시내로 진입을 시도했다. 이대로 계엄군이 들어오면 엄청난 인명피해가 날 것이 뻔했다. 이를 우려한 시민수습대책위원회의 김성용 신부를 비롯한 10여 명의 대표들과 수백 명의 시민들이 계엄군을 향해 행진을 시작했다. 그들은 계엄군의 총격에 죽을지도 모른다는 각오를 하고 어둠이 채 가시지 않은 도로를 걸어나갔다. 마침내 계엄군 지휘부를 만나 계엄군의 퇴각을 강력히 요구하여 계엄군의 탱크를 멈출 수 있었다.

계엄군을 만난 시민대표들은 계엄군의 작전이 임박했음을 알아차리고, 이를 도청 항쟁지도부에 전달했다. 이날 시민들은 도청 분수대에서 두 차례의 궐기대회를 갖고 '계엄령의 즉각 해제, 전두환 처단, 민주정부 수립' 등의 내용을 담은 7개 항의 「80만 광주시민의 결의」를 밝히기도 했다. 수습대책위원들은 계엄군의 작전을 막고 사태를 평화적으로 해결하고자 백방으로 노력했지만, 전두환 신군부는 계획대로 5월 27일 새벽 작전을 감행했다. 시내로 진입하는 탱크는 이곳 시민군의 대치선을 무참히 짓밟고 도청으로 진입했다.

한때 이곳은 5·18항쟁의 중요한 현장이었지만, 지금은 무심

할 만큼 조용하고 평화로운 공원이 되었다. 사방으로 뻗은 도로를 질주하는 차량들만 소음을 내며 내달릴 뿐이다.

신도심 속 상무지구와 상무대

농성역의 서쪽은 당시에는 군사 지역이었다. 그곳에는 전남 지역 계엄사령부가 있던 전교사가 있었다. 전교사 안에 상무대 영창이 있었고, 그 인근에 505보안부대와 광주 국군통합병원이 있었다. 그러니까 지금의 상무지구 전체가 군사기지였다. 이곳은 일제강점기 때부터 군 주둔지였다. 해방 이후에는 이곳에서 국방경비대 제4연대가 창설되었다. 육군 종합교육기관인 상무대가 설치된 것은 한국전쟁 중인 1951년 10월경이었다. 1994년 상무대가 전남 장성으로 이전하면서 그곳은 신도심을 형성하게 되었다. 지금은 5·18기념공원, 5·18자유공원, 김대중컨벤션센터 등이 들어서 있다.

지금 남아 있는 상무대 영창은 원래 있던 곳에서 100미터 옮겨온 것이다. 아파트 공사를 하면서 헐려서 없어질 것을 광주 시민들의 항의로 장소를 옮겨서 영창을 재현했다. 이곳은 1980년 5월 17일 자정 무렵부터 예비검속을 당했던 인사들과 항쟁 기간 중에 체포된 시민들을 10월 27일 광주교도소로 이감될 때까지 수용했던 군 영창이다. 광주교도소는 여기에 비하면 천국이라고 말할 정도였다고 하니 이곳에서의 인권침해는 상상 이상이었다.

이 시기에 검거된 사람은 총 2,522명이었다. 이중 616명은 군

상무대 군사 법정. 헐려서 없어질 뻔했던 것을 시민들의 항의로 살렸다. 이후 주위에 아파트 단지가 들어서고 신도심을 형성했다.

법에 회부되었고, 404명이 기소되었다. 그해 8월에 급조된 군사법정에서 사람들은 재판을 받았다. 애국가를 부르면서 재판 거부투쟁을 하기도 했다. 계엄법 위반, 내란 주요임무 종사, 살인 등의 죄목으로 법정에 끌려온 이들은 대부분 1981년 12월까지 형 집행정지로 석방되었다.

반원 모양의 영창에는 여섯 개의 방이 부채꼴 모양으로 배치되어 있다. 군 영창으로 쓰던 곳에 시민들을 수용했다. 방은 마룻바닥이고, 쇠창살이 질러져 있다. 영락없는 군대 영창이다. 이 좁은 방에 150명 이상이 수용되었다고 하는데 제대로 누워서 잘 수 없을 정도로 밀도가 너무 높았다. 식판도 모자라서인지 식판 하나를 두 사람이 쓰게 했다. 밥의 양은 한 사람에 세 숟가락 정도여서 늘 배고 팠다. 제대로 씻지도 못하고 수용되어 있으니 피부병도 심했다.

하지만 무엇보다 폭력이 심했다. "계엄당국은 폭력과 고문을 동반한 조사를 벌였고, 포로처럼 다루었다"는 기록이 광주시와 5·18기념재단 등이 제작한 자료집들에서 공통적으로 나온다. 이곳에 수용되었던 사람들은 아침부터 밤까지 16시간 동안 가부좌를 하고 앉아 있어야 했다. 조금이라도 자세가 흐트러지면 불러내서 쇠창살에 매달리게 하고 폭행했다. 여성들은 영창 밖으로 끌고 나가서 온종일 땡볕에 앉아 있게 했다. 남자들은 주로 '원산폭격'을 시켰다. 여섯 개의 방 중 제1소대라고 되어 있는 방에는 남자 마네킹들을 앉혀두고, 당시의 참상을 재현해놓았는데 조악해서 차라리 없는 편이 낫겠다는 생각을 그곳에 갈 때마다 하게 된다.

2019년 10월에 갔을 때는 헌병대 본부 사무실과 내무반이 23개의 전시실로 만들어져 있었다. 주 전시관은 5·18항쟁의 전체 과정을 알려주는 내용이다. 그중 15번방은 영화 〈택시운전사〉의 주인공 김사복 씨와 위르겐 힌츠페터를 주제로 한 '감동의 방'이다. 마치 어딜 가나 똑같은 관광지 기념품 가게 같은 발상이라는 생각이 들었다. 이 공간을 더 잘 알 수 있는, 이 공간에 맞는 전시가 아니어서 아쉽다. 상무대의 역사와 이곳에서 저질러졌던 만행들을 중심으로 전시를 재구성하면 좋겠다.

이곳에는 들불열사 기념비도 있다. 그분들 중에 이곳을 거쳐 간 분들이 있어서일까. 이 기념비는 들불야학의 흔적이 남아 있는 광천동에 있어야 할 것 같다.

들불야학과 광천시민아파트

상무지구의 유적지들에서 광주천 방향으로 3킬로미터 남짓 떨어진 곳에 광천동이 있다. 효광초등학교 정문 맞은편에 광천동성당이 있고, 광천시민아파트는 광천동성당과 맞붙어 있다. 요즘 광주 지역에서 재개발 논의가 뜨거운 곳이기도 하다. 시민아파트는 낡았으니 허물고 짓자는 의견도 있지만 5월 광주의 중요한 유적지이고, 광주에 처음 들어선 서민아파트란 점에서 보전하자는 의견이 더 많은 것 같다. 광천동성당은 최근에는 존속하는 것으로 가닥이 잡혔다고 하는데 두고 봐야 할 일이다.

광천동성당 앞뜰은 잔디밭이고, 성모상 뒤로 대나무 숲이 있다. 한적하고 정겨운 작은 성당이다. 나는 들불야학 터가 있다고 해서 야학을 진행했던 건물이 있는 줄 알았다. 잔디밭 앞에 큰 나무 한 그루가 있고, 그 옆에 벽 하나. 예전에 광천동성당의 교리실로 쓰던 곳이라고 한다. '대건안드레아교육관'이란 간판이 남았다. 성당 본관 건물 앞 크게 자란 소나무 옆으로 길게 건물이 있었는데 이걸 철거하면서 간판이 있던 건물 벽 일부만 남았다.

들불야학은 이곳에서 1978년 7월 23일에 시작해 1981년 4월에 문을 닫았다. 그 시기에 어떻게 이곳에 야학을 열 수 있었을까. 그때 도움을 준 사람이 조비오 신부다. 야학을 열려고 찾아간 이들의 설명을 들은 조비오 신부는 광천동성당의 아일랜드 출신 오미카엘 주임신부를 찾아가 부탁을 했고, 주임신부가 허락해서 이곳을 이용할 수 있었다고 한다. 당시 박정희 정권의 탄압을 생생하게 느꼈던

광천동성당 앞뜰, 들불야학 터. '대건안드레아교육관' 이라고 쓰인, 이전 건물의 벽 일부만 남아 있다.

한국인 신부라면 쉽지 않았을 결정이다.

들불야학은 인근 광천공단에 있는 노동자들을 상대로 노동교육을 했던 광주 최초의 노동야학이다. 1970, 80년대 학생운동 출신들은 노동자들을 조직하기 위해 독서모임도 갖고 야학도 열었다. 노동자들을 비롯한 민중이 역사의 주체라고 믿었던 학생운동가들이 영세 공장들이 밀집하고 그 주위에 가난한 노동자들이 몰려 살던 이곳에 야학을 연 것은 어쩌면 자연스런 흐름일 것이다. 이곳에서 일곱 명의 강학이 노동자 35명과 함께 야학을 시작했다. 그리고 이곳을 거쳐 간 야학 학생들은 150여 명, 강학은 20여 명 정도라고 한다.

들불야학은 5·18항쟁의 주역들이 활동했던 곳이기도 하다. 들불열사 기념사업회가 펴낸 『들불의 역사』를 보면, 이들의 활약을 알 수 있다. 들불야학을 처음 세운 사람은 박기순이다. 그는 광천동 야학을 열면서 윤상원을 끌어들였다. 열성적으로 활동하던 그는 1978년 12월 26일, 연탄가스 중독으로 안타깝게 사망한다. 그 뒤 1982년 5·18항쟁에서 사망한 윤상원과 영혼결혼식을 갖고 저 세상에서 부부가 되었다. 이들의 영혼결혼식에서 불렸던 노래가 〈임을 위한 행진곡〉이다.

김영철은 신용협동조합 활동을 하다가 야학에 합류하고, 5·18항쟁 기간 중에는 야학 사람들과 『투사회보』를 만들었다. 항쟁이 끝난 뒤에 체포되어 조사를 받으면서 정신이상 증세를 보이기 시작했다. 그는 정신병원을 드나들면서 치료를 받다가 1988년 8월에 사망했다. 고아 출신이었던 박용준은 신용협동조합 활동을 하던 중에 김영철을 만나서 야학에 합류했고, 5·18항쟁 때 『투사회보』 제작 팀으로 활동했다. 그러다가 1980년 5월 27일 새벽, YWCA 2층에서 계엄군이 쏜 총탄을 맞고 사망했다.

박관현은 야학 강학으로 활동하다가 1980년 전남대학교 총학생회장으로 당선되어 그해 5월 도청 앞에서 열렸던 민족민주화대성회를 주도했다. 5·18항쟁 중에 도피하여 수배생활을 하다가 1982년 4월 체포되었고, 그 뒤 광주교도소에 수감 중 광주학살의 진상규명 등을 요구하는 세 차례 40일간의 단식을 벌였다.

신영일은 야학에서 활동하다가 1979년 학생운동으로 활동을 옮겼고, 5·18항쟁 기간 중에는 적극적인 활동을 하지 못했다. 이후 광주교도소에서 수감 중 박관현과 함께 단식투쟁을 전개했다. 박효선은 광주 지역의 대표적인 문화운동가이다. 그는 야학에서 문화 담당 강학으로 활동하다가 5·18항쟁 때 도청지도부 홍보부장으로 활동했다. 항쟁 뒤에 〈금희의 오월〉 등 5·18을 주제로 한 많은 연극을 만들어 공연했다.

강학들만이 아니라 학생들도 적극적으로 5·18항쟁에 참여했다. 윤상원의 제안으로 『투사회보』 만드는 일이며, 집회 준비 등 온갖 궂은일을 맡았다.

들불야학은 공안당국의 눈을 피해서 야학생을 계속 모으려 했지만 결국은 실패하고 1981년에 문을 닫는다. 5·18로 인한 피해가 너무도 컸고 투옥된 사람만 열 명이나 되었으니 들불야학에 쏠린 공안당국의 억압은 상상이 가고도 남는다.

들불야학은 광천동성당에서만 했던 것은 아니다. 성당 정문으로 들어가는 길 오른편에 있는 세 개 동의 낡은 아파트가 광천시민

광천시민아파트 뒷길. 5·18 당시의 모습이 그대로 남아 있다.

아파트다. 담벼락에는 2019년 4월 12일자로 광천동장이 "방문객의 이해를 돕기 위해 자료를 정리"하여 작성한 설명문이 붙어 있었다. 그 설명문에 따르면, 이곳은 한국전쟁 이후에는 피란민과 빈민 들의 판자촌이었던 것을 1969년 광주시가 도시계획에 따라 이곳의 천막과 판잣집을 부수고 아파트를 지은 것이다. 이 근방에는 지금은 없어 졌지만, 방직공장과 제분공장, 섬유공장 등이 있어서 "공장 근로자들이 광천동에 집합촌"을 이루었다. 박기순 등이 이곳에 야학을 열려고 했던 이유다. 광천동성당에서 열었던 들불야학은 1979년 1월 이 아파트의 다동 2층으로 학당을 옮겼다고 한다.

또 설명문에 따르면 이 아파트는 'ㄷ'자 형태의 3층 184세대의 건물로 지어졌는데, 지금 실제로는 24세대 정도가 거주한다. 그곳에는 가장 가난했던 시절의 풍경이 그대로 남아 있다. 들불야학의 전사들이 있던 이곳을 들불야학 기념관으로 만들면 어떨까 하는 생각이 들었다. 제발 재개발로 이곳에 번듯한 고층 건물이 들어서는 일이 없기를 바란다.

따뜻한 공동체의 기억, 양동시장

광천동에서 광주천을 따라 상류쪽으로 가면 양동시장이 나온다. 양동시장은 340개 점포가 활발하게 장사하는 전통시장이다. 100년 전에 이곳에 장이 들어서기 시작했고, 시장으로 정식 개설된 건 1973년이었다고 한다. 광주·전남 지역에서 가장 큰 시장이라고 하는데, 거의 모든 품목의 상품이 거래되고 있다.

이곳은 5월 광주 당시 도심에서 꽤 벗어난 곳이어서 시위나 진압과는 별 관련이 없는 곳이다. 그런데 1980년 5월 20일, 군중이 진압 계엄군에 밀려와서 양동파출소를 점령하는 일이 있었다고 한다. 이곳에 표지석까지 세워서 뜻을 기리고자 하는 이유는 당시 상인들이 주먹밥을 만들어서 시민군들에게 나누어준 대표적인 장소여서다. 시장 상인들이 십시일반으로 돈과 물품을 모아 주먹밥, 김밥, 떡, 음료를 준비했다고 한다. 광주를 도륙하는 계엄군의 만행을 본 시민들의 자발적인 움직임이었다.

양동시장 입구의 5·18유적지 조형물. 시민군이 탄 버스에 시장상인들이 주먹밥을 실어나르는 모습을 형상화했다.

당시에 시민군들에게 주먹밥을 나눠주었던 곳은 이곳만이 아니다. 대인시장, 남광주시장, 풍향동 백림약국 부근, 산수1동 봉사대, 지산동 봉사대 등 광주 전역에서 시민들은 밥을 짓고, 주먹밥을 만들어서 도청으로 날랐다. 사람들이 밥도 못 먹고 싸우는 게 안쓰러워서 내 식구 같은 마음으로 밥을 만들어서 줬다고 하는 증언들을 많이 만난다.

공식적인 권력이 철수하고 난 그 공백을 시민들은 스스로 자치공동체를 만들어서 운영했다. 그 기간이 너무 짧았지만, 항쟁 기간 중에 약탈, 도둑이 없었다는 것만으로 시민공동체의 전범을 보여준 것이 아닐까 싶다.

그런데 양동시장 입구의 표지석 외에는 양동시장이 갖는 의미를 설명해주는 것이 전혀 없다. 주변에는 상인들의 오토바이며 물건들이 쌓여 있어서, 표지석은 눈에 띄지도 않는다. 어느 다큐멘터리에서 시민들에게 5·18을 어떻게 기억하는가를 묻는 장면이 있었다. 당시 주먹밥도 만들고 했던 그 시민들은 질문을 받자마자 손사래를 쳐댔다. 말도 꺼내지 말라는 그들의 표정과 반응을 보며 5·18의 현재를 돌아봐야 한다는 생각을 한 적이 있었다. 당시 피해자들의 모임인 5월 단체들이 5·18을 독점한다거나, 정치권에 들어가기 위한 발판으로 이용하려고 너도나도 항쟁의 주역임을 내세우는 등의 행태가 만연하니 지겹다, 넌더리가 난다는 반응들이 나오는 것 같았다.

좀 뭐랄까, 저도 5·18 그때 당시 그런 정신은 높이 사고, 그분들이 희생하셨던 것은 가슴이 아프고 그런데요. 남은 사람들이 5·18을 너무 우려먹지 않나, 그런 생각이 좀 들어요… 의사가 어떻게 1종이냐고 묻더라고요. 5·18 부상자라고 그랬더니 "아, 5·18" 하면서 아주 그냥 넌더리를 내는 시늉으로 말하더라고요. 많이 시달렸다는 투로. 근데 그런 분을 더러 만났어요. 택시 기사 중에도 그런 말하는 분을 만났고, 그래서 우리가 이런 일을 했노라고 굳이 외치지 않아도 다 아는데 너무 알아달라고 설치지 않았나 하는 생각이 들어요. **이현옥**

— 이정우·광주전남여성단체연합 기획,

『광주, 여성: 그녀들의 가슴에 묻어둔 5·18 이야기』 중에서 이런 반응들을 볼 때면 마음이 참 아프다. 5·18항쟁은 소수의 지도자들 몇몇이 만들어낸 게 아니지 않은가. 40년이 넘으면서 시민들로부터 멀어지는 5·18항쟁이 아닌 시민들이 함께 공유하는 과정이 필요할 것 같다.

오월어머니집에서

양림동은 서양 선교사들이 거주하던 서양식 건물들이 있어서 요즘 광주에서 가장 뜨는 곳이 되었다. 광주 시내에서 양림교를 지나 양림동 행정복지센터를 지나면 양림오거리이고, 그곳에서 우측으로 양림역사문화마을 방향으로 가다보면 왼편에 검은 벽돌로 지어진 2층 양옥집, 오월어머니집이 있다.

오월어머니집은 5·18항쟁을 겪은 여성들, 유가족이기도 하고 부상자이기도 한 5·18항쟁에 참여했던 이들이 모이는 곳이다. 오월어머니집의 시작은 '5·18구속자가족회'였다. 오월어머니집 정현애 관장은 출소 후 이 모임을 만들어 5·18구속자들이 사형까지 당할 상황에서 이들의 구명운동을 전국적으로 펼치게 되었다. 그러다가 2006년 현재의 명칭으로 개칭하여 동구 장동에 처음으로 모임 장소를 만들었고, 2014년 4월 현재의 자리로 옮겨왔다.

오월어머니집의 회원은 100명이 넘는데 대부분 80세 이상인 고령 여성들이다. 이들은 이곳에 모여서 강좌도 열고 공부도 하고, 또 상담을 비롯한 치유 프로그램을 통해 건강을 돌보는 일도 한다.

양림동 오월어머니집. 5월 어머니들을 비롯한 회원들이 모여 여러 가지 프로그램과 활동을 하고 있다.

요가나 노래를 배우는 시간도 있다. 전문가들의 프로그램 지도도 있지만, 무엇보다 이들이 서로의 마음을 털어놓고 기댈 수 있어 일종의 동료 상담이 이루어지는 곳이라고 볼 수 있다.

　　나는 2014년 10월, 안산 세월호 유가족들과 함께 이곳을 방문했다. 그때 5·18 유가족들은 "니 맘을 내가 다 안다"며 세월호 유가족들을 안아주었다. 그렇게 안아주는 것만으로도 세월호 유가족들은 위로를 받고 눈물을 흘렸다. 그때 세월호 유가족 한 분이 물었다. 우리도 30년을 싸워야 하는 거냐고. 난 뭐라고 답할 수 없었다. 그것이 인연이 되어서 세월호 유가족들과 5월 어머니들은 고통을 당한 이들만이 할 수 있는 연대를 이곳에서 시작했다.

2019년 10월 1일, 가을비가 장맛비처럼 내리던 날, 정현애 관장을 이곳에서 만나 이야기를 나누었다. 그는 학교 교사였고, '녹두서점'을 운영하던 김상윤의 아내였다. 1980년 5월 17일 밤, 전두환 신군부는 전국에 계엄을 확대하고, 이른바 '김대중 내란음모 사건'이란 걸 조작하기 위해서 미리 관련자들을 검거했다. 이런 예비검속으로 남편 김상윤은 그날 밤에 어딘가로 끌려갔다. 그 후 녹두서점은 5·18항쟁의 투쟁 거점이 되었다. 들불야학 사람들과 항쟁 지도부의 연결고리이기도 했다. 전남대 학생운동에 지대한 영향을 미쳤던 김상윤이 운영했던 곳이라서 들불야학 사람들, 그리고 광주 지역 사회운동가들은 자연스레 녹두서점으로 찾아와서 소식을 공유했다. 정현애 관장은 녹두서점을 지키면서 항쟁을 지원하는 수많은 일들을 해냈다. 계엄군에 진압된 뒤 시동생, 여동생과 함께 연행되어 구속되었고, 예비검속된 남편과 상무대 영창에서 만났다. 온 가족이 5·18항쟁의 주역으로 활동한 셈이다. 석방된 후에는 남편과 구속자들의 석방을 위해 뛰어다녀야 했다.

정현애 관장의 개인사처럼 광주의 여성들은 5·18을 온몸으로 겪었다. 계엄군의 잔인한 폭력에 맞서 거리시위도 함께했고, 헌혈을 하고, 부상자를 간호하고, 시신을 염하고, 주먹밥을 만들어 나눠주고, 가두방송을 하고, 기록도 남기는 등 정 관장 말마따나 5·18에서 여성들은 "총만 안 들었을 뿐" 남성들과 다를 바 없는 투쟁의 주역이었다. 하지만 이후에 5·18 단체들의 주축이 남성이었고, 남성 중심으로 단체를 운영하다보니 5·18에서 여성들의 역할은 보조축으로밖에 기술되지 않고 있다. 매년 5월이면 5·18 기념행사가 열리지만, 전체 예산에서 매우 적은 일부만 여성들의 행사에 배정된다. 이때도 여성들은 소외감을 느낀다고 한다.

정현애 관장은 여성들만 그런 게 아니라고 강조한다. 당시에 심한 고통을 겪었던 학생들, 청소년들도 잊혔다고 걱정한다. 청소년들이 학교를 그만둔 경우도 많았다면서, 정 관장은 직접 피해를 겪은 사람들 중심으로 5·18을 이야기하는 데서 벗어나야 할 때가 되었다고 말했다. 유족들이나 부상자, 구속자들 중심의 5·18항쟁이 아니라 시민들이 함께했던 항쟁으로 발전되어야 한다는 말로 들렸다.

5·18항쟁 이후에 여성들은 부상당한 남성들을 치료했다. 폭도로 몰릴까봐 병원에 가기도 두렵던 시절이었다. 정신이 나간 남편을 보살피느라 정작 자신의 트라우마는 꾹꾹 눌러두어야 했다. 다친 남자들 대신 생계도 책임져야 했고, 부모와 아이들도 부양해야 했다. 이 모든 걸 감당해야 했던 여성들에게 이후 광주는 그리고 세상은 제대로 평가라도 해준 것일까. 당시 여성들의 증언들을 듣다보면, 한국전쟁 때 여성들이 감당해야 했던 것과 같은 엄청난 삶의 무게를 그들은 견디고 있었음을 알 수 있다.

"5월 엄마들은 가슴에 불을 안고 산다."

5월 어머니들의 상태에 대해 묻자 정현애 관장이 한 말이다. 가슴에 불을 안고 산 세월이 40년이다.

"광주 여성들이 겪어낸 게 엄청나죠. 어머니들이 트라우마 때문에 불같이 화를 낼 때도 있어요. 불을 안고 사는 사람들이니 이해해야 한다고 하죠."

마침 정 관장에게 묻고 싶었던 말이 있었다. 2018년 5월, 여성들이 성폭력을 당한 일을 38년 만에 증언하자, 국가인권위원회, 여성가족부, 국방부 등이 6개월 동안 조사를 벌여서 17건의 성폭행을 포함해 45건의 성추행, 성가혹행위를 확인하고 국방부 장관과 국무총리가 이에 대해서 사과를 했는데, 그 뒤에는 어떻게 되었을까.

2018년 5월 8일, 『한겨레』는 5·18항쟁 당시 전남도청에서 안내방송을 맡았던 김선옥 씨의 사연을 소개했다. 그때 김씨는 전남대 음대 4학년이었다.

> 폭행과 고문으로 점철된 조사가 끝날 무렵인 9월 4일 소령 계급을 달고 계장으로 불리던 그 수사관은 김씨를 밖으로 데리고 나갔다. 그리고 비빔밥 한 그릇을 사줬다. 오랜만에 본 햇살이 눈부셨던 날 김씨는 인근 여관으로 끌려가 대낮에 그 수사관한테 성폭행을 당했다. "그전에 두들겨 맞았던 일보다도 내가 저항하지 못하고 당했다는 사실 때문에 지금까지 비참했어요. 자존심과 말할 수 없는 수치감…." 9월 5일까지 꼬박 6일 동안 구금됐던 그는 기소유예로 풀려났다.
>
> — 『한겨레』(2018. 5. 8.),
>
> 「"고문 뒤 석방 전날 성폭행" 오월항쟁 38년 만의 미투」 중에서

정 관장은 5·18항쟁 당시의 상무대 영창이나 광산경찰서 유치장에서는 폭행이 난무했고, 성폭언도 수시로 들어야 했다고 분위

기를 전했다.

"저한테도 수사관이 옷을 다 벗겨서 군인들 방에 던져놓겠다고 하면서 위협하기도 했지요. 유치장 안에 여성 100여 명이 있었지만, 폭행 얘기만 했지 성폭행 얘기는 못 들었거든요."

성폭행을 당한 여성들은 차마 그 일을 말하지 못하고 정신병원을 들락거리거나 응어리를 안고 살아왔다. 정 관장도 인정하는 것처럼 당시에는 "그런 분위기가 아니었다." 정 관장은 여성들이 용기를 내서 성폭력 건을 증언하자 언론들이 사건을 앞다투어 보도하고, 정부기관들이 조사한다고 했을 때 2차 피해를 걱정했다고 한다. 아니나 다를까.

"여성들에게 알게 모르게 위협적인 전화, 미행도 있었다고 하고요. 이제 와서 왜 이런 이야기를 하냐, 의심스럽다는 등의 말을 듣고 상처를 받았지요. 나와 연락하던 사람들이 연락을 완전히 끊었어요."

'일베'를 비롯한 보수 세력들의 악성 댓글과 신상 털기, 전화 협박 등이 이어지니 당사자들은 그 고통을 감당할 수 없어 숨어버린 것이다.

"우리 같은 트라우마에는 진상규명이 특효약이라고 생각해요. 어머니들도 마찬가지입니다. 치료로 잠시 잊을 수는 있겠지요."

40년을 기다려온 진상규명. 정 관장 이야기를 두 시간 넘게 듣는 동안에도 창밖에는 가을비가 계속 내리고 있었고, 날씨는 초겨울처럼 서늘해졌다.

원지교의 〈김군〉 이야기

2020년 2월, 광주천 남쪽을 답사하면서 마지막으로 가본 곳은 원
지교다. 화순에서 넘어와 광주 시내로 진입하는 초입, 학동에 위치
한 원지교에는 거대한 활 모양의 철제 조형물이 세워져 있었다. 증
심사 방향에서 흘러오는 천과 무등산에서 흘러내려오는 광주천이
합쳐지는 곳에 원지1교가 있고, 그 옆에 도로가 확장되면서 놓인 원
지2교가 있었다. 그곳에 내려가본다. 천 주변으로 자전거 길과 산책
로가 잘 닦여 있었다. 겨울임에도 인공폭포가 흘러내리고 있었다.
다리 난간과 벽을 줄기식물들이 기어올라가다 가을에 말라죽은 채
달려 있다. 아마도 여름이면 푸른색을 되찾을 것이다.

　　원지교를 찾은 건 다큐멘터리 〈김군〉을 본 뒤, 영화 속의 주인
공 김군이 살았다는 곳을 보고 싶어서였다. 5·18항쟁의 시민군 이
야기가 나올 때마다 어김없이 등장하는 이미지가 있다. 자동차 바
퀴를 매단 군용 트럭 위에서 총을 든 날카로운 눈매의 청년. 바로 이
청년을 추적하는 다큐멘터리가 〈김군〉이다.

　　다큐멘터리 〈김군〉을 처음 본 건 2018년 11월, 인천인권영화
제에서였다. 다른 5·18 작품들과는 접근방식이 달랐다. 처음에는
지만원이라는 극우 인사가 주장하는 북한군이라는 '광수(광주에 투입
된 북한군 특수부대를 일컫는 말)'들을 찾아나서는 것으로 시작하지만, 영
화는 지금까지 5월 광주가 의도적이든 아니든 배제해온 이름 없는
시민군들에 대한 이야기를 담았다.

　　이 글을 마무리할 무렵에 이 다큐멘터리를 다시 보았다. 지만

다큐멘터리 〈김군〉 포스터.

원 씨는 5·18항쟁이 북한 특수부대 500명이 침투해서 일으킨 폭동이라고 주장하면서 그 근거로 총을 든 시민군들을 들었다. 그 시민군들이 북한의 특수부대원이 아니라면 왜 정체를 밝히지 않느냐는 것이다. 그들이 한결같이 복면을 한 것도 얼굴을 드러낼 수 없는 북한군이었기 때문이라고 했다. 그리고 자신이 개발한 안면 인식프로그램을 통해서 광수를 찾아냈다고 확신했다.

다큐멘터리 〈김군〉을 만든 강상우 감독은 이에 의문을 갖고 '광수'로 지목된 이들을 찾아나서 정체를 밝힌다. 누구는 가구를 만드는 노동자였고, 누구는 막노동꾼이었고, 누구는 어디 공장의 노동자였다. 대부분 빈민층이었다. 그들은 이제 와서 5·18 이야기를 다시 꺼내고 싶지 않다는 듯, 망설이다가 겨우 한마디씩 했다. 5·18을 안고 살지만 자랑스러워하지는 않았다.

추적은 계속되지만 군용 트럭 위에 총을 잡고 있는 눈매가 매서운 그 청년, '제1광수'는 나타나지 않는다. 추적 끝에 생전의 그를 알고 지내던 주민을 만나게 된다. 그 시절 원지교 다리 밑 천막에서 그는 일고여덟 명의 또래들과 생활하면서 넝마주이 등을 했다고 한다. 주변의 사람들은 그의 이름도 모르고, '김군'이라고만 불렀다. 그들이 도청에서 총을 들고 시민군으로 있는 모습을 보고는 주민들은 조심하라고, 살아 있으라고 당부를 했다고 하는데, 5·18 이후로 그들의 모습이 보이지 않았고 그곳에 있던 천막은 그 뒤에 철거되었다고 한다. 김군과 같은 넝마주이들이나 '무등갱생원' 고아들도 당시 시민군으로 참여했다고 영화는 전한다.

귀천이 없이 하나 되어 계엄군에 맞섰던 사람들은 그 뒤에 사라지거나 숨었다. 5·18항쟁이 끝난 뒤에 내놓고 이야기할 수 없는 살벌한 독재의 분위기가 그랬다. 어떤 이는 5·18 기념행사에도 나가지 않았다고 한다.

그들은 어디로 갔을까. 영화에서 김군은 농성역쯤에서 트럭을 타고 송암동으로 갔다가 거기서 계엄군의 총에 맞아 사망한 것으로 나온다. 그 뒤에 계엄군 시체처리반이 시체를 가매장했다가 파갔다고 한다.

이름도 없이 총을 들고 싸우다 죽어갔거나 항쟁 뒤에 숨어버린 이들. 그들이 시민군 중에 가장 완강한 무장투쟁 세력을 형성했음을 영화는 국회 청문회 한 컷으로 암시한다. 영화에서 5·18 당시 시민수습대책위원이었던 고 윤영규 선생이 총을 놓자고 권유하자 그들 중 한 명이 이렇게 응수한다.

"여보쇼, 당신만 애국자요. 우리도 애국 한번 합시다. 우리 같이 무식하고 못 배운 놈들도 애국할 수 있다."

영화 〈김군〉에 나오는 '김군들', 이름 없이 헌신해온 그들, 그 덕분에 이 나라 민주주의와 인권도 전진했는데 우리는 그동안 그들을 까맣게 잊고 있었던 것은 아닐까. 원지교 아래에서는 두 방향에서 흘러온 두 물줄기가 합쳐져 더 큰 물을 이루어 영산강으로 흘러간다. 이제 5·18항쟁의 물줄기에 이름 없이 헌신한 사람들의 자리도 잡아주어야 할 때가 되지 않았을까. 그 물이 돌이킬 수 없이 흘러가버리기 전에 말이다.

남산 안기부 터와
남영동 대공분실

좁은 창,
작은 방,
비밀계단

우리 가까이 있었던 고문

젊은 세대에게는 고문이 일제의 만행 같은 먼 옛날 일처럼 느껴지 겠지만 불과 20여 년 전만 해도 한국에서 종종 일어났던 일이다. 그 시절을 살았던 사람들은 고문이라고 하면 안기부(국가안전기획부의 약 칭. 박정희 정권에 의해서 세워진 중앙정보부가 1981년 국가안전기획부로, 1999년 국가정보원으로 이름을 바꾸었다)나 보안사(보안사령부의 약칭. 1991년 기무사령 부로, 2018년 군사안보지원사령부로 바뀌었다), 치안본부(경찰청의 옛 이름) 대 공분실을 떠올릴 것이다. 과거 대표적인 고문 사건들이 이들 기관에 서 의해서 벌어졌다는 것 정도는 모르는 국민이 드물었기 때문이다.

고문이 일어났던 현장도 의외로 우리 일상과 가까웠다. 안기 부는 지금의 서울 남산 유스호스텔 건물이 본부였다. 시내 한복판인 지하철 명동역과 충무로역 바로 인근이었다. 인근 주민들도 그곳이 어떤 곳인지를 몰랐다. 다만 군부대려니 생각했을 정도다. 안기부는 전국에 '○○회사' 같은 간판을 내걸었다. 보안사도 대공분실도 이 런 위장명칭을 사용했다.

끔찍한 고문이 자행되던 그런 기관들이 이제는 탈바꿈하거나 다른 곳으로 이전했다. 남산 안기부 터는 남산공원으로 조성되어 시민들이 자유롭게 산책 코스로 이용한다. 경찰 대공분실 중에 가장 대표적인 남영동 대공분실 건물은 그 자리에 남아 있지만, 지금은 민주화운동기념사업회가 운영하는 민주인권기념관으로 바뀌었다. 보안사는 서빙고역 근처의 서빙고분실이 유명했는데, 지금은 흔적도 없이 사라지고 아파트가 들어서 있다. 그 자리에 "자유민주주의 체제 수호를 위해 수많은 방첩인들의 땀과 혼이 서려 있는 터"라고 적힌 표지석이 있다. 그 앞에 "민주인사들에게 고문을 했던 국군보안사 서빙고분실 자리"라는 바닥 표지석을 서울시에서 만들어 붙여 놓았다.

전국에 이들의 지부나 '안가(안전가옥의 준말인데, 여기서는 비밀리에 운영되던 곳이라는 의미다)'가 얼마나 있었는지는 지금도 파악이 안 된다. 이들 기관의 본령은 모두 정보기관이지만, 독재 정권은 이들을 통해서 정치적 반대 세력들을 억압했다. 그 과정에서 고문이 동원되었고, 무고한 시민들도 끌려가서 간첩으로 조작되고는 했다. 수십일이 넘도록 밀실에서 고문을 당하고 간첩으로 조작되었던 이들은 2010년대에 들어와서 법원에 재심을 청구하여 무죄를 선고받고 국가로부터 배상을 받았다.

1982년 전북 김제에서 농사를 짓던 최을호 씨와 그의 조카 두 명은 이곳 남산 안기부로 끌려 가 40일 동안 고문을 당한 뒤 간첩으로 조작되었다. 최 씨는 1983년 사형을 당했고, 그의 조카 한 명은 고문후유증으로 감옥에서 숨졌고, 다른 한 명은 9년의 복역을 마치고 출소한 뒤 자살했다. 이 사건은 31년 만인 2014년에야 재심을 통해 무죄를 확인받았고, 2019년에 국가 배상 판결을 받았다.

고문의 현장에 찾아가서 고문을 돌아보는 일은 이렇게 얼마 전까지 우리 근처에서 있었던 일을 기억하는 것이다. 그것은 다시는 고문이 일어나던 그때로 되돌아가지 않겠다는 의지이기도 하다. 여기서는 남산 안기부 터와 남영동 대공분실을 찾아간다.

남산 안기부 터

'남산'은 한때 "나는 새도 떨어뜨린다"고 할 정도로 위세가 대단했다. "남산에서 나왔다"는 말은 그 자체로 공포였다. 국회의원, 장관 등 고위층의 관료든 운동권 학생이나 재야인사든 가릴 것 없이 남산은 고문, 간첩, 국가보안법, 프락치, 조작 같은 말들과 연결되었다. 검은 지프차, 정장 차림에 검은색 선글라스를 쓴 건장한 남자들의 이미지로 다가오는 그런 곳이었다. 남산은 중앙정보부(이하 중정)와 안기부의 별칭이었다. 구체적으로 어디인지는 모호하지만, 서울 어디서나 가깝게 닿을 수 있다는 뉘앙스를 다들 느끼지 않았을까 싶다.

1980년대 초반에 대학에 들어갔던 나는 학생운동을 하면서 남산이 갖는 의미를 알았다. 남산에 끌려가서 죽도록 맞고 고문당하고 간첩이 되어버린 선배 때문이었다. 당시에는 이런저런 학생운동 조직 사건으로 남산에 잡혀가는 사람들이 있었다. 그들은 곧 언론에 어마어마한 간첩으로 둔갑되어 발표되고는 했다. 그러니 알고도 알

은체하지 말아야 했던 곳이 남산이었다.

　1980년대 말까지 사람들이 어렴풋이 기억하는 남산의 모습은 남산1호터널 아래 굴다리 밑으로 들어서면 바로 나오는 육중한 검은 문, 그리고 그 앞에 있는 파출소 하나 정도였을 것이다. 어머니들은 남산에 끌려갔다는 아들딸을 찾아 이곳에 와서는 면회라도 하게 해달라고 아무 권한 없는 파출소 직원에게 울고불고 매달렸다. 그나마 민주화실천가족운동협의회(이하 민가협. 1985년 12월 12일 창립되어 민주화운동 과정 중에 구속된 이들의 석방과 고문 추방, 국가보안법 폐지 등의 활동을 주로 해왔다)가 생기고부터는 그곳에서 어머니들이 진을 쳤고 밤샘 농성을 했다. 그곳은 그런 '눈물의 벽'이 있던 곳이었다.

　이곳에서 자행된 주요 사건들만 열거해봐도 과거 중정과 안기부가 어떤 일을 했는지를 쉽게 알 수 있다. 이곳에 끌려오면 40일은 기본이고, 심지어 120일, 180일까지 밀실에 감금되어 간첩으로 조작되었다. 1967년 동백림(동베를린) 사건은 독일 베를린에 있던 지식인과 유학생들이 연루된 대규모 간첩단 사건이었다. 독일에서 불법으로 사람들을 납치해서 이곳에서 고문을 하고 간첩으로 만들었다. 1974년에는 민청학련이라는 학생 조직의 배후로 인민혁명당이 있다면서 '인혁당 재건위' 사건을 고문으로 조작했다. 이 사건에 연루된 여덟 명은 1975년 사형 판결을 받고 18시간 만에 사형이 집행되어 국제적인 비난을 샀다. 홍성담 화백은 1989년에 북한 평양에서 열린 세계청년평화축전에 〈민족해방운동사〉 걸개그림을 보냈다가 이곳에서 고문을 당했다. 그는 고문 수사관들의 얼굴을 몽타주로 그려서 법정에서 공개했지만 그들에 대한 처벌은 없었다. 그 외에도 인민혁명당 사건(1964), 경향신문 공매 사건(1966), 최종길 교수 의문사 사건(1973), 전국민주청년학생총연맹(민청학련) 사건(1974), 크리스천아카데미 사건(1979), 김대중 내란음모 사건(1980), 진도 가족간첩단 사건(1980), 송씨 일가 간첩단 사건(1982), 구미 유학생 간첩단 사건(1985), 수지김 간첩 사건(1987), 문익환 목사 방북 사건(1989), 서경원 의원 방북 사건(1989), 윤재걸 한겨레 기자 불고지죄 사건(1989), 임수경·문규현 방북 사건(1989), 남한사회주의노동자연맹(사노맹) 사건(1991~1992), 박창희 교수 간첩 사건(1995) 등이 있었다. 이들 사건의 상당수는 조작극임이 밝혀져 무죄를 받았거나 국가의 손해배상 판결까지 받았다. 한마디로 수많은 간첩 사건이 조작되었고, 엄청난 고문이 벌어졌던 곳이 바로 남산이었다.

남산 안기부 터에 가려면 서울 지하철 4호선 명동역에서 내려 우선 서울소방방재센터를 찾아가야 한다. 그 앞을 지나면 삼거리가 나오는데, 거기서 삼거리에서 직진을 하면 막다른 골목에 '문학의 집·서울' 건물이 있다. 숲속에 푹 파묻힌 것 같은 집이다. 마당에는 푸른 잔디가 잘 가꾸어져 있다. 지금은 그곳에서 문학과 관련한 행사와 전시회가 열린다. 이곳이 중앙정보부장 공관이었다. 권력의 실세였던 중정부장의 공관치고는 아담하다. 공관을 이리로 옮긴 것은 이문동 본부가 청와대와 너무 멀기 때문이라고 들었다. 대통령이 부르면 한밤중이라도 금세 달려갈 수 있어야 한다는 것이다. 골목에서 정면으로 보이는 유리 건물 산림문학관은 중정부장 경호원들의 숙소였다.

삼거리에서 왼편으로 접어들면 '기억의 터'(일본군 위안부를

옛 중앙정보부장 공관이었던 문학의 집·서울 건물.

기억하기 위해 통감관저 터에 만든 곳)가 나오는데, 그곳을 지나면 '옛 중앙정보부 제1별관 터'다. 바닥의 표지판은 '통신과 도청, 감청을 수행하던 건물'이 있던 자리라고 설명한다. 여기 있던 건물은 건물 자체가 보안이라고 해서 내곡동으로 이전할 때 철거했다. 당시 건물을 폭파하던 모습이 사진으로 남아 있다.

　　중정-안기부가 쓰던 건물들의 이력은 대부분 정확하지 않다. 중정 때든 안기부 때든 건물을 짓거나 허물 때 구청에 신고를 하거나 허가를 받지 않았기 때문이다. 이들 기관이 하는 일을 당시의 시청이나 구청이 관여할 수는 없었다. 그래서 건물마다 필요에 따라 다른 부서가 들어서고 용도가 수시로 바뀐 것으로 보인다.

옛 중앙정보부 본관. 지금은 서울유스호스텔이다.

　　이곳은 중정이 처음 만들어질 때 반원형의 퀀셋Quonset 막사
두 동을 세우고 수사를 시작했던 곳이라고 알려져 있다. 군사쿠데
타를 일으킨 군부 세력은 쿠데타에 성공하자마자 미국의 CIA를 본
떠서 KCIA를 만드는 일에 착수한다. 그 일의 책임을 맡은 이가 얼
마 전에 사망한 김종필이다. 그는 주로 육사 8기 동기생들을 주축으
로 준비 작업을 했다. 그리고 중앙정보부법이 통과되자마자 석관동
의릉과 남산에 사무실을 두고 업무를 시작했다. 5·16쿠데타를 일으
킨 박정희 등 쿠데타 세력은 군사혁명위원회를 구성했다가 이 기구
를 1961년 6월 6일 국가재건최고회의로 재편한다. 국가재건최고회
의는 불법 기구이므로 이 기구에서 입법 활동을 하는 것도 불법이었
다. 그런데 중앙정보부법이 만들어진 게 1961년 6월 10일이었다.

중정의 탄생일이 6월항쟁 기념일이라니, 아이러니하다.

그러나 정작 한국판 CIA는 소련의 KGB와 같았다. 그러다보니 정보를 수집하고 분석하는 기관이라기보다는 사건을 조작해서라도 정권에 충성하는 기관으로 만들어졌다. 그리고 인물들도 예전에 '특고'형사(일제 때 독립운동가들을 전담하던 특별고등경찰) 경력을 지닌 이들을 채용해서 수사관으로 썼다고 한다. 그러니 조작과 공작은 창립 때부터 시작된 본령이나 다름없었다.

제1별관 터를 들어갈 때 보이는 큰 건물이 중정-안기부의 본부로 쓰인 장소다. 1972년에 지었다고 하는데 중정-안기부의 상징과도 같은 건물이다. 지금은 서울유스호스텔로 쓰고 있다. 이 건물 앞 표지석에는 여기 있는 이 건물이 "한때 국가안전기획부의 본부"로 사용되었음이 명시되어 있다. 유스호스텔로 리모델링하여 개관하던 2006년에 와서야 공식적으로 이곳이 중정과 안기부가 있었던 곳임을 공인한 것이다. 공원으로 만들고 나서 10년이 걸렸다.

안기부의 본관을 바라보고 왼쪽 장애인 주차장은 서울대 법대 최종길 교수가 사망한 장소다. 1973년 10월 이곳에 잡혀왔던 최종길 교수는 고문으로 사흘 만에 죽임을 당했다. 중정에서는 그가 조사를 받다가 동백림 사건에 연루된 것이 들통 나니 화장실에 간다고 하고는 7층에서 뛰어내려 자살했다고 거짓 발표를 했다. 그러고는 이곳에다가 최종길 교수의 시신을 던져놓았다. 중정이 당시에 공개했던 사진을 보면 거구의 최 교수가 바닥에 누워 있고, 그 주변으로 피가 홍건히 퍼져 있었다. 이것이 그들이 주장하는 자살의 근거였다.

그들은 지독하게도 최 교수의 가족들에게 그가 간첩임을 시인하는 각서를 작성하도록 강요했다고 하는데, 눈물 없이는 들을 수 없는 가족사다. 당시 중정의 직원이었던 그의 동생 최종선은 형을 중정으로 안내했던 장본인이었는데, 사흘 만에 친형이 사망하자 정신적인 충격에 미친 것처럼 위장을 하고 형의 사인을 밝히기 위한 증거들을 모았다. 그런 노력 덕분에 끝내 2002년 의문사진상규명위원회가 고문에 의한 타살을 인정했고, 2006년 대법원이 국가의 배상 판결을 확정했다. 다만 지금까지 고문을 자행한 범인은 찾아내지 못했다.

본관 건물에서 고문 받은 이들 중 가장 유명한 사람은 김대중 전 대통령일 것이다. 그는 김대중 내란음모 사건으로 끌려와서 1980년 광주의 학살 소식도 모른 채 두 달 동안 감금되어 있었다. 이곳에 갇혔다가 감옥으로 옮겨지고 나서야 광주 소식을 듣고 통곡했다고 하니, 당시 고문의 장소는 그만큼 세상과 단절된 곳이었다. 고문을 받는 이에게 고립만큼 두려운 게 있을까. 변호인 접견도 허용되지 않던 시절의 이야기다.

사실 이곳은 유스호스텔이 아니라 인권기념관으로 쓰기 좋은 건물이다. 여기를 거쳐간 수많은 민주인사들을 비롯해 이곳에서 고통당한 사람들과 관련 사건을 기록해놓고 두고두고 대한민국 국민 모두가 잊지 않도록 하면 좋겠다.

본관 건물 앞 주차장 건너편에는 '서울종합방재센터'라는 간판이 보이고 그 아래 입구가 보인다. 그런데 지상에 건물이 없다. 지상의 구조물은 입구뿐이고 지하로 3층 건물이 있다. 그곳에 들어가면 벽면을 둘러싸고 있는 스크린을 통해서 서울 지역의 주요 상황을 볼 수 있다. 홍수 등의 자연재해가 발생하면 TV 뉴스에서 비춰주는 곳이다. 여기가 과거 '지하벙커' '지하고문실'로 불렸던 제6별관이다. 주로 정치인과 언론인이 불려와 취조를 받았고, 때로는 유치장으로 쓰기도 했다. 본관 건물과 지하 통로로 연결되어 있다고 하는데, 지금은 막아놓았다.

유스호스텔 건물을 거쳐서 서울종합방재센터를 지나면 낮은 담 밖으로 한옥마을의 전경이 내려다보인다. 그러다가 오른편에 둥근 반원형의 지붕을 이고 있는 건물이 나온다. 지금은 서울창작센터로 쓰이지만 이곳은 중정-안기부 요원들의 체력단련장이었다. 고문을 하려면 체력도 단련해야겠지 하는 씁쓸한 마음으로 직진을 하면 터널을 만난다.

둥근 터널은 입구에서부터 흰색 바탕에 옅은 하늘색, 분홍색, 그리고 짙은 보라색의 띠가 역동적인 곡선을 그리며 터널 안으로 휘말려 들어가는데 이곳에는 안 맞는 색깔이지 싶다. 이 작품은 2008년에 서울도시갤러리 프로젝트로 만든 것으로, 〈네 개의 문〉이라는 작품이다. 이 여러 색깔의 띠가 터널 안으로 들어가는 모양새를 따서 제목을 지은 듯싶다. 원래 이곳은 매우 침울한 곳이다. 혼자 걸어가면 뭔가 음산한 느낌을 지울 수 없다. 제5별관으로 알려진 대공수사국 건물로 이어지는 터널이기 때문일 것이다.

터널 입구 오른편 벽에 붉은 버튼이 있는데, 이 버튼을 누르면 84미터 길이의 터널 안에 여러 가지 소리들이 흘러나온다. 철문을 여닫는 소리, 타자기 두드리는 소리, 물소리, 발자국 소리, 노랫소리

중정 본관에서 대공수사국으로 이어지던 터널. 지금은 터널을 지나면 서울특별시청 남산별관 건물이 있다.

등이 벽에 설치된 스피커를 통해서 들린다. 그 소리들이 팔도에서 모아왔다는 바닥 돌을 밟는 소리와 어울려서 이미 고문의 현장으로 들어서는 분위기가 조성된다. 이 소리들이 각각 별개의 소리로 들린다면, 그리고 일상에서 듣는 소리라면 별 의미가 없겠지만, 바닥의 돌 밟는 소리와 어우러지면서, 남산 중에서도 가장 고문이 지독했다는 제5별관으로 가고 있다는 생각을 하면 더욱 기괴한 소리로 변한다.

터널을 지나면 3층짜리 건물을 만난다. 건물 앞 주차장에서 남산 타워가 올려다보인다. 지방에서 대학을 다녔던 어느 후배는 눈이 가려진 채로 이곳에 왔는데 여길 몰랐다가, 구치소로 넘어간 뒤 산 위에 뾰족한 철탑이 있었다고 말했더니 거기가 남산이라고 일러 주어서 알게 되었다고도 한다. 건축물이 지니는 미학적인 요소는 애써 무시한 채 실용적인 의미만 살려서 지은 삭막한 붉은색 건물에는 서울시 기관들 현판이 걸려 있다. 이 건물 역시 과거 중정-안기부가 가장 지독한 고문을 가했다는 어떤 흔적도 찾을 수 없다. 국정원이 내곡동으로 이전할 때 흔적을 깨끗이 지운 탓이다.

그런데 국정원으로서도 어쩌지 못하고 두고 간 흔적이 있다. 건물 뒤편으로 돌아가면 그곳에 지하로 이어지는 계단이 있다. 위에서 내려다보면 어둠이 깊다. 계단 20개를 내려가면 지하 1층에 해당하는 계단참이 나온다. 그런데 거기서는 건물 안으로 들어갈 방법이 없다. 문이 없기 때문이다. 다시 계단 20개를 내려가면 지하 2층이다. 그곳의 철문이 열리면 바로 고문실이다.

중간층은 생략하고 고문실로 직행하는 계단. 우악스런 사내들의 손에 허리춤을 잡힌 채 끌려 내려갔을 것이다. 눈이 가려진 채 어딘지 모르는 깊은 곳으로 내려가는 그 공포, 문이 열리자마자 거기서 새어나오는 비명소리, 그리고 이어지는 매타작 소리. 수십 일 동안 여기 갇힌 채로 간첩이 되어갔던 수많은 사람들이 생각난다.

2020년 재심을 통해 무죄를 확인받은 사람 중에 황대권 씨가 있다. 그는 1985년 구미유학생 간첩 사건에 연루되어 무기형을 선고받고 13년 2개월을 복역했다. 그가 쓴 옥중편지를 묶은 책이 『야생초 편지』다. 2012년에 그와 함께 이곳을 방문한 적이 있었다. 지하 2층에 들어갔더니 바닥에는 얇게 물기가 고여 있었고, 베니어합

판으로 대놓은 벽에는 곰팡이가 피어 있었다. 그만큼 습기가 많았다. 이곳에 양옆으로 쇠창살이 쳐진 방들이 있었다. 그 방에서 고문이 자행되었다고 하지만 흔적은 없애놓았다.

임수경 전 의원은 1989년 평양에 다녀온 다음 이곳에서 조사를 받았다. 그때의 고통스런 기억 때문에 지금도 강남북을 오갈 때 일부러 이곳은 피해간다고 했다. 이곳에서 고문당한 70대의 한 원로 선생은 이 건물 앞에서 서서 자신이 당한 고초를 말하다가 결국 울어버렸다. 지금도 빈민운동 현장을 떠나지 않는 후배도 이 자리에 오기까지 30년이 걸렸다고 했다. 이곳에서 고문당한 이들은 결코 여기에 다시 오고 싶어하지 않는다. 그런 고통의 장소를 사람들은 오늘도 무심히 지나고 있다.

남영동 대공분실

남영역과 담장 하나를 사이에 둔 7층짜리 검은색 건물이 있다. 정문을 들어서면 왼편이 그 본관 건물이고, 오른편에는 고문 수사관들이 테니스를 치던 장소가 있다. 그리고 정면에 부속 건물들이 있다. 본관 건물을 보면 이게 잘 만들어진 건물임은 한눈에 알 수 있다. 그런데 자세히 올려다보면 금세 이상한 점이 눈에 들어온다. 5층의 유리창들만 세로로 좁은 모양이다. 5층에 가보면 그 이유를 알 수 있다.

1층 현관에 들어서면 오른편에 이 건물의 내력을 알 수 있는 전시공간이 있다. 그리고 이곳이 어떤 곳인지를 알리는 설명이 있

본관 건물 뒤편 철제문(위). 안으로 들어가면 고문실이 있는 5층으로 직행할 수 있는 나선형 철제 계단(아래)이 나온다.

다. 정치인 김근태가 이곳에서 고문을 당했고 그 뒤로 후유증을 겪다가 사망했다. 박종철이 고문을 당하다가 죽은 곳도 여기다(1987년 1월 14일, 그의 고문치사 이후 경찰은 사건을 은폐하기에 급급했으나 이 사건이 알려지면서 6월항쟁의 도화선이 되었다).

이 건물을 처음 찾는 사람들은 1층 전시공간을 나오면 곧바로 일반 엘리베이터를 타고 5층에 올라갈 것이다. 하지만 이 건물의 가장 중요한 요소는 전시관 뒤편에 있다. 건물 외부의 검은 벽돌 벽면이 이어지다가 접히는 것 같은 곳이 있다. 그곳에 작은 철제문이 있는데, 그 안으로 들어서면 나선형 철제 계단이 있고, 거기에 아주 작은 엘리베이터가 있다. 지금은 '점검 중'이라는 빨간 불만 들어와 있다. 이 나선형 계단과 엘리베이터로는 중간층에 서지 않고, 5층으로 직행할 수 있다. 김근태는 1985년에 민청련 사건으로 이곳에 끌려와 눈이 가려진 채 엘리베이터를 탔다고 했다.

나선형 철제 계단을 올라가본다. 원래 이 계단은 콘크리트로 만든 계단이었다고 한다. 언제 누가 바꾸었는지는 모른다. 모두 72개의 계단이다. 눈을 감고 올라간다. 나의 발자국 소리가 원통 안에서 텅텅 울린다. 갈수록 불안감이 증폭된다. 직선으로 올라가지 않고 뱅글뱅글 돌아서 올라간다. 뒤에서 억센 힘으로 밀어붙인다. 가끔 욕설과 폭행도 있었을 것이다. 몇 층일까. 알 수가 없다. 앞으로 어떤 상황이 기다리고 있을지 모른다. 아무것도 내가 결정할 수 없다. 눈은 가려져 볼 수 없고, 등 떠밀려 올라가는 1분 20여 초의 시간 동안 공포에 짓눌려 있다. 살아서 걸어나갈 수 있을까. 방향감각과 고도감각도 잃은 채로 숨이 차오를 때쯤 다시 철문이 열리고 갑자기 빛이 느껴진다. 그때 눈가리개가 벗겨지기도 전에 곳곳에서 들려오는 신음소리와 비명소리. 5층 복도에 들어서자마자 곧바로 어느 방으로 들어가게 될 것이다.

복도에 늘어선 5층의 방문들은 그 위치가 서로 엇갈려 있다. 우연히 문이 열렸을 때 누가 다른 방에 끌려와 있는지를 볼 수 없도록 배치되어 있다. 고문의 효과를 가장 극대화하기 위해서는 고립감을 고조시켜야 한다. 아무리 소리를 질러도, 아무리 발버둥을 쳐도 나를 구해줄 사람이 없다는 그런 고립감에 치가 떨리게 만들어야 한다. 아마도 이 건물의 설계자는 그런 것까지 고려했을 것이다.

5층에는 모두 열여섯 개의 방이 있다. 방은 두 종류다. 보통의 방은 네 평 남짓한 평수지만, 두 개의 방만 다른 방들보다 두 배 정도 더 넓다. 515호는 넓은 방으로, 여기는 1985년 김근태가 끌려와 23일 동안 고문을 당했던 곳이다.

고문을 할 때는 온몸을 발가벗기고 눈을 가렸습니다. 그다음에 고문대에 눕히면서 몸을 다섯 군데를 묶었습니다. 발목과 무르팍과 허벅지와 배와 가슴을 완전히 동여매고 그 밑에 담요를 깝니다. 머리와 가슴, 사타구니에는 전기고문이 잘되게 하기 위해서 물을 뿌리고 발에는 전원을 연결시켰습니다. 처음엔 약하고 짧게, 점차 강하고 길게, 강약을 번갈아 하면서 전기고문이 진행되는 동안 죽음의 그림자가 코앞에 다가와 (이때 방청석에서 울음이 터지기 시작, 본인도 울먹이며 진술함) 마음속으로 '무릎을 꿇고 사느니보다 서서 죽기를 원한다'는 노래를 뇌까리면서 과연 이것을 지켜

방문이 서로 엇갈려 있는 5층 복도.

내기 위한 인간적인 결단이 얼마나 어려운 것인가를 절감했습니
다. 죽음의 그림자가 드리울 때마다 아우슈비츠 수용소를 연상했
으며 이러한 비인간적인 상황에 대한 인간적인 절망에 몸서리쳤
습니다.

— 김근태의 최후진술,

「두껍아 두껍아, 헌집 줄게 새집 다오-민주화운동청년연합, 그리고 김근태」

민주화운동기념사업회 오픈 아카이브에서.

거기서 그는 고문기술이 가장 악랄하기로 유명해서 출장 고문
까지 나갔다는 '고문기술자' 이근안을 만났다. 그는 그 순간을 정확
히 기억했다. 이근안은 물고문을 시켜놓고는 욕조에 물을 받아서 목
욕도 하는 기이한 행동도 했다고 한다. 또 이곳에서 63일 동안 고문
을 당하고 간첩으로 조작된 함주명은 이근안이 "입으로는 물을 먹
이고 동시에 발밑에서는 양쪽 새끼발가락에 음극과 양극의 전극을
연결해 전류를 흘려보내는 끔찍한 고문"을 했는데, "거의 죽기 일보
직전에 고문을 그쳤다"고 말했다. 이근안이 두꺼비 같은 손으로 툭
툭 치면 맞은 부위가 금세 부어올랐다고 한다. 김근태가 이근안과
처음 만나던 순간, 이근안은 이런 말을 했다.

가방을 갖고 다니면서 그 가방에 고문도구를 들고 다니는 건장한
사내는 본인에게 "장의사 사업이 이제야 제철을 만났다. 이재문
(남민전 사건의 주범, 옥사했음)이 어떻게 죽었는지 아느냐. 속으로 부
서져서 병사를 했다. 너도 각오해라. 지금은 네가 당하고 민주화가

되면 내가 그 고문대 위에 서줄 테니까 그때 너가 복수를 해라."

― 「두껍아 두껍아, 헌집 줄게 새집 다오-민주화운동청년연합,
그리고 김근태」, 민주화운동기념사업회 오픈 아카이브에서.

두 번의 물고문, 여덟 번의 전기고문 등 총 10여 차례의 고문을 매번 다섯 시간 이상을 당하면서도 버티던 김근태는 결국 무너진다. 그는 하루만 더 버티면 이곳을 나갈 수 있다는 걸 알면서도 "집단폭행을 가한 후 본인에게 알몸으로 바닥을 기며 살려달라고 애원하면서 빌라"고 하는 고문자들의 요구대로 할 수밖에 없었다고 진술한다.

다시 복도로 나선다. 조금은 침침한 조도의 복도 끝에 창이 나 있다. 바로 그 옆이 남영역이다. 고문실에서 나와 이동할 때 이 창을 보았다면, 사람들이 매일 타고 내리는 전철역을 보았다면 어떤 심정이었을까.

509호로 간다. 방의 크기는 515호의 절반쯤이다. 유리벽 너머로 박종철의 영정이 보인다. 이곳이다. 가슴이 덜컥 무너진다. 유리문을 열고 안으로 들어간다. 정면에 길고 좁은 창 두 개가 보인다. 벽면은 소리를 빨아들이는 흡음재 대신 타공판으로 마감했다. 이 타공판은 저음은 잘 흡수하는 반면에 고음은 "벽을 파고들어 반대편 벽면 너머로 전달된다"고 한다. 그래서 "옆방에서 벽면을 타고 전달되는 가늘고 날카로운 비명은 공포를 느끼게 하기에 충분하다"면서 "결국 옆방의 비명을 듣는 피해자는 간접 고문을 받게 되는 것"이라는 건축가 김명식의 설명은 설득력이 있다.

남영동 대공분실의 일반적인 고문실 모습.

    유리창 아래 기괴한 붉은색의 욕조가 있다. 이 욕조의 길이는
일반 욕조의 절반 정도인데 깊이는 더 깊다. 그 욕조에서 물고문을
시켰을 것이고, 전기고문도 했을 것이다. 고통 속에서 발버둥치다가
숨졌을 박종철을 떠올리지 않을 수가 없다. 유리창 아래 왼편에는
허리께까지 가려지는 가림막이 설치되어 있고, 그 안에 변기와 세면
대가 있다. 박종철의 영정은 세면대 위에 설치되어 있다. 누군가 갖
다놓은 흰 국화꽃이 언제나 있다.
    그 앞에 1인용 침대가 있다. 그리고 그 침대 맞은편에는 작은
철제 책상 하나. 책상 다리는 바닥에 고정되어 있고, 책상 모서리가

둥글게 처리되어 있다. 고문 피해자들이 충동적으로 머리라도 책상에 박아서 부상을 입는 걸 예방하기 위함이었을 것이다. 책상 위에 갓등은 없다. 아마 철거해서 형광등으로 바꾸었을 것이다. 문 위에 검은색 유리로 감추어진 그곳에 CCTV가 설치되어 있고, 아마도 3층의 어느 사무실에서 CCTV를 통해 방 안을 훤히 들여다보았을 것이다. 방 안의 조도는 문 밖의 스위치로 조절하도록 되어 있다. 물론 문은 안에서 열 수가 없다. 책상 벽면에 달린 인터폰 스위치를 눌러야 한다. 그러면 밖에서 문을 열어준다. 이곳에서는 누구도 자유로울 수 없다. 철저하게 빛과 바람과 소리까지 통제되는 곳이다. 고문에 필요한 모든 요소를 아주 꼼꼼하게 계산해서 지어진, 고문을 위한 특수한 건물이다. 한국의 대표적인 건축가로 알려진 김수근의 작품이다.

김수근은 박정희 군사 정권과 각별한 관계를 유지했다. 그런 덕분에 수많은 건축물을 남겼다. 이 대공분실은 1976년에 지었고 그때는 5층까지 있었다. 그러다가 1980년대에 증축하여 오늘처럼 7층 건물이 되었다. 김수근은 독재 정권의 주문을 충실히 반영하여 설계했다. 들리는 말에는 워낙 꼼꼼한 성격이라 전등 하나, 장치 하나에도 일일이 지시를 했다고 한다. 1층 전시관에는 김수근의 설계도가 전시되어 있다. 이 건물 설계도는 2012년에야 공개되었다.

1층 현관에 나와서 보면 오른편에 3층짜리 건물이 있다. 이 건물은 대공분실이 있을 때는 직원 숙소로 쓰였다고도 한다. 부속 건물 아래에는 초석이 놓여 있다. 그곳에 '내무부 장관 김치열'의 이름이 새겨져 있다. 그는 일제 말에 검사가 된 친일 검사였고, 박정희 유신 정권 때에는 중정 차장을 거쳐서 검찰총장을 지냈다. 최종길 교수가 남산 중정에서 조사를 받다가 자살했다고 발표한 장본인이다. 당시 그가 중정 차장이었던 때다. 그가 검찰총장을 지내던 시절에는 인혁당 재건위 사건을 조작했다. 그런 그가 내무부 장관이었을 때 이 건물의 건축을 발주했다. 김수근과 김치열 두 사람의 합작품으로 아우슈비츠라고도 불린 인간 도살장이 서울 한복판에 탄생했다. 인간의 본성에 대해 철학적인 질문을 자꾸 하게 만드는 그런 곳이다.

아프지만 알아야 할 역사

'고문'이라 함은 공무원이나 그 밖의 공무 수행자가 직접 또는 이러한 자의 교사·동의·묵인 아래, 어떤 개인이나 제3자로부터 정보나 자백을 얻어내기 위한 목적으로, 개인이나 제3자가 실행하였거나 실행한 혐의가 있는 행위에 대하여 처벌을 하기 위한 목적으로, 개인이나 제3자를 협박·강요할 목적으로, 또는 모든 종류의 차별에 기초한 이유로, 개인에게 고의로 극심한 신체적·정신적 고통을 가하는 행위를 말한다. 다만, 합법적 제재조치로부터 초래되거나, 이에 내재하거나 이에 부수되는 고통은 고문에 포함되지 아니한다.

— 고문방지협약 제1조 중에서

남영동 대공분실 고문실에서 좁고 긴 창문 너머로 바라본 바깥 풍경.

'고문 및 그 밖의 잔혹한·비인도적인 또는 굴욕적인 대우나 처벌의 방지에 관한 협약(약칭 고문방지협약)'의 제1조에 나오는 고문의 정의다. 이 협약은 1984년 12월 10일에 유엔에서 채택되었고, 1987년에 정식 인권협약으로 발효되었다. 우리나라는 1995년에 이 협약에 가입하여 당사국이 되었다.

고문은 인간성을 파괴하는 범죄행위다. 고문실에서는 극심한 육체적·정신적 고통을 가하는 폭력을 통해 절대적인 권력자와 저항할 수 없는 짐승의 관계가 형성된다. 그 앞에서 고문 피해자는 인간일 수 없다. 고통에서 벗어나기 위해서 무엇이든 시키는 대로 하는 '개'가 되어버린다. 있지도 않은 일이 있다고, 하지도 않은 일을 했다고 자백해야만 한다. 동지를 배신하거나 가족, 친구들을 팔아넘겨야 할 때도 있다. 그래서 고문 피해자는 자신을 경멸하고, 또는 자신에게 고통을 주었다고 여기는 다른 고문 피해자를 경멸한다. 지금까지 이어온 인간관계를 부정하게 되며, 인간에 대한 신뢰를 상실한다. 자아는 분열하고 평생 트라우마에 시달린다.

최근에 화성연쇄살인사건 진범이 발견되자 새삼 그 사건 때문에 고통당한 이들의 문제가 드러나고 있다. 여덟번째 사건의 진범으로 내몰려서 20년간 감옥살이를 했던 윤아무개 씨는 고문을 당해 진범이 되었다. 4번, 5번 사건의 범인으로 내몰렸던 김종경 씨는 고문을 통해서 범인으로 조작되었으나, 진실이 밝혀졌고 국가를 통해 손해배상도 받아냈다. 그렇지만 김종경 씨는 끝내 고문의 트라우마를 이겨내지 못하고 자살을 선택했다.

그런데 한국에서 고문이 어느 정도의 규모로 진행되었는지,

언제까지 있었는지에 대한 본격적인 조사는 단 한 번도 이루어진 적이 없다. 이제는 고문에 대해서도 국가가 제대로 전문적인 조사를 추진해야 할 때가 되었다고 생각한다.

지금은 고문이 사라졌다고는 하지만 정치상황이 바뀌고 다시 독재 권력이 들어서게 되면, 고문이 가장 유용한 반정부 활동가들의 신문 방법으로 채택될지 모른다. 유대인의 학살이나 한국전쟁 시기의 끔찍한 학살이 다시 일어나지 말라는 보장은 어디에도 없다. 고문이 사라진 지금 고문을 기억해야 하는 이유는 아우슈비츠 수용소에 수용되었다가 극적으로 생환한 프리모 레비의 말에서 찾을 수 있다.

"그 일은 이미 발생했다. 그러므로 이후에도 다시 발생할 수 있다."

— 프리모 레비

고문이 횡행하는 그런 세상으로 후퇴하는 것을 막기 위해서는 과거 고문이 자행되었던 역사를 알아야 하고, 그 역사를 알기 위해서는 현장에 가서 듣고 보고 느껴야 한다.

2020년 4월 현재 안기부 터는 한창 공사가 진행 중이다. 주자 파출소 건너편에 있던 교통방송 건물과 주로 학생 시국사범들을 조사하고 고문하는 데 썼다는 중정 6국 건물은 헐렸다. 서울시가 이곳에 '남산 예장자락 재생사업' 공사를 진행하고, 6국 자리에 '기억 6'이란 전시공간을 만든다는 계획이다. 원래 건물들을 허물고 그것을 기억하기 위한 새로운 공간을 만든다는 게 옳은 일인지 모르겠다. 역사적인 현장인 공간이라는 게 한번 파괴되면 그대로 재현하기란 어쩌면 불가능한 일일 것이다. 흉내낼 수 없는 세월의 흔적이란 것이 있기 때문이다.

최근에는 남영동 대공분실의 보전 방법을 둘러싸고도 갈등이 일었다. 현재의 형태 그대로 보전해야 한다는 의견과, 고문이 자행되던 김수근 설계의 건물은 그대로 보전해서 민주인권기념관으로 활용하고, 테니스장 쪽은 민주화운동기념관 건물을 신축하자는 의견이 대립했다. 결국 2022년에 민주인권기념관과 함께 민주화운동기념관까지 개관하는 것으로 결정이 났다. 그래도 원래의 고문이 자행되던 본관 건물은 손을 대지 않기로 했으니 다행이다.

나는 고문의 현장을 안내할 때마다 조심하는 게 있다. 고문의 끔찍함, 비인간성을 중심으로 말하는 데서 멈춰서는 안 된다는 점이다. 그곳은 지독한 고문이 일어났던 곳이기도 하지만, 그런 폭력으로도 민주주의와 정의를 향한 의지를 꺾지 못한 곳이기도 하다. 그러므로 이곳은 민주화운동이나 인권운동이 이겨낸 장소이기도 하다. 끔찍한 고문으로 개인들을 굴복시켰을지 모르지만, 독재 정권은 무너졌고, 민주주의는 전진해왔다. 고문의 공포를 이겨내고 만들어온 인권의 역사를 우리는 알고 있다. 국가폭력에 대한 저항의 연대가 만들어낸 인권의 지형 위에서 우리는 지금 고문의 공포 없는 세상을 살고 있다. 그러기에 이곳에서는 고문 생존자들을 기억하고 그들과 연대했던 이들의 노고를 함께 기억해야 한다.

서대문형무소역사관

감옥에서도
지워진
얼굴들

붉은 담 앞에서

당신은 혹시 길이 여덟 자, 너비 넉 자 크기의 관 속에 들어가 누워본 일이 있습니까? … 여름이면 낮에도 컴컴한 이 관 속 방바닥에서 '식사'라는 것을 차려놓고 먹을라치면, 막힘이 없이 통해 있는 변소의 구멍에서 누런 구더기 떼가 줄줄이 기어나와 더불어 생존하기를 요구합니다. … 시체를 넣는 관이 아니라, 지난 세월, 비인간적인 독재 정권 아래서 수천, 수만의 정치수, 사상수, 양심수, 확신수 들이 처넣어져서 신음해야 했던 이 나라의 교도소와 형무소의 감방, 독방의 모습입니다. … 이 관은 21세기를 바라보는 세계 문명사회의 가려진 치부입니다.

고 리영희 선생이 1988년에 쓴 「서대문형무소의 기억」이라는 글의 한 대목이다. 리영희 선생은 다섯 번 투옥되었는데, 그럴 때마다 매번 서대문형무소에서 수감생활을 했다. '길이 여덟 자, 너비 넉 자 크기'의 독방에서 여름이면 구더기 떼와 같이 식사를 하고, 겨울이면 물이 꽁꽁 어는 방에서 지내는, 인간으로는 도저히 살기 힘든 곳이었다. 지금은 서울 서대문 네거리에서 무악재 방향으로 가다보면 독립문을 위시한 독립공원 안쪽에 '서대문형무소역사관'으로 남아 있다.

서대문형무소 뒤편은 안산이고, 정면으로는 인왕산이 보인다. 안산과 인왕산을 넘는 길이 의주로이고, 독립문역을 지나서 바로 시작되는 고개가 무악재다. 예전 조선시대에는 이 의주로를 넘어서 중국으로 가는 사신들이 출발했고, 무악재 바로 밑 현재 독립관으로 있는 이곳에 모화루慕華樓가 있어서 중국 황제의 사신이 묵었다고 한다. 조선의 고관대작만이 아니라 조선의 왕도 중국 황제의 사신을 맞으러 이곳 무악재까지 나와야 했다. 조선말 독립협회는 중국에 대한 사대관계를 청산하고 독립국가로 나아가야 한다는 의미로 이곳에 독립문을 세우고 모화루 자리에 독립관을 열었다.

일제는 바로 그 독립관을 헐고 1908년 최초의 근대감옥을 지었다. 을사늑약에 이은 정미조약의 체결로 조선의 경찰권까지 장악한 일제는 본격화되던 의병의 항쟁을 진압해가면서 체포한 의병들을 이곳에 수감했다. 원래는 경성감옥이었다가 이후에 몇 번 이름이 바뀌고, 1987년 서울구치소가 지금의 의왕으로 이전하기까지 근 80년 동안 독립운동가와 민주화운동 인사들을 투옥하는 데 쓰였던 곳이라서 이곳에는 아픈 역사의 흔적이 많을 수밖에 없다.

서울 지하철 독립문역 5번 출구로 나와 왼편 언덕길을 올라가면 곧바로 서대문형무소역사관이 나온다. 그리고 긴 붉은 담장은 영화나 드라마에서 종종 보던 장면을 떠오르게 한다. 붉은 벽돌 담장은 1923년에 설치했다고 하는데, 4미터 높이인 담장의 총길이는 원래 1,161미터였으나, 현재는 앞쪽에 80미터, 뒤쪽에 200미터만 남아 있다. 높이 10미터의 망루는 총 여섯 개가 설치되어 있었지만, 지금은 정문에 하나, 뒤편 담장에 하나만 남아 있다. 담장과 망루는 수감시설의 본질에 해당하는 건데, 일부만 남기고 철거해버렸으니 현장의 보전이라고 말하기는 어렵다. 이 담장으로 감옥의 외부와 내부가 철저하게 나뉜다. 외부는 자유의 공간이고, 내부는 철저한 통제가 이루어지던 곳이다.

이 담장 앞에서 서성이던 수많은 사람들이 있었을 것이다. 가족의 면회를 하고 가는 이들은 그래도 다행일 것이지만, 면회조차 못 하고 하염없이 기다려야 했던 이들도 있었다. 슬픔과 재회의 기쁨이 교차하던 그 80년의 세월을 이 담장은 기억하고 있을까. 붉은 담장의 곳곳에는 흰색 얼룩이 마치 누군가의 눈물들이 번진 것처럼 느껴지기도 한다.

> … 하지만 남편과 아는 내색을 했다가는 그 교도관 목이 달아날 판이었다. 젊은 새댁은 아이 업고 서 있고 저쪽에서 남편이 변호사 접견하러 호송 교도관과 함께 마당을 가로질러 왔다. 눈이 나쁜 이수병은 바짝 다가와서야 처자를 알아보고 깜짝 놀랐다. 어린 딸을 보고는 딱 두 마디. "많이 컸네. 많이 컸네." 영문도 모르는 호송 교도관은 "어, 집에 있는 애 보고 싶어서 그래?" 하면서 빨리 가자고 독촉을 했고 남편은 웃으며 지나쳐 갔다. 1분! 세상에서 가장 짧은, 영원한 만남. 일주일 뒤 남편은 형장의 이슬로 사라졌다.
> — 김형태, 『지상에서 가장 짧은 영원한 만남』 중에서

서대문형무소역사관 입구로 들어가면 만나는 내부 풍경.

인혁당 재건위 사건으로 1974년에 수감되었던 이들은 지독한
고문 끝에 군사법원을 거쳐서 대법원에서 사형 판결을 확정받는다.
그 뒤 채 하루도 지나기 전인 1975년 4월 8일 아침에 여덟 명이 이
곳 사형장에서 죽음을 맞았다. 갑작스런 사형 집행 소식을 전해 듣
고 달려온 가족들, 문정현 신부와 제임스 시노트 신부는 당시 이곳
에서 경찰들에게 폭행을 당해야 했다. 시신조차 제대로 인수하지 못
한 가족들의 절규. 잔인한 국가폭력의 현장이었다.

체포되어 1년여 동안 단 한 번의 면회도 못했던 수감자의 가

족들 중에는 이수병(인혁당 재건위 사건으로 사형 당한 여덟 명 중의 한 사람. 만 39세의 나이로 사형당했다)의 아내도 있었다. 그의 아내는 매일 큰아이의 손을 잡고, 두 살짜리 둘째를 업고 이곳에 나왔다. 우연히 한 번이라도 남편의 모습을 볼 수 있을까 해서였다. 그런 그 모습이 너무 안타까웠는지 정문을 지키는 교도관이 몰래 문을 열어주었고, 마침 변호사 접견을 하러 가는 남편을 단 1분 동안 만난다. 소설 같은 가슴 저린 이야기다.

이곳에서 면회도 못 한 수감자의 가족들은 길 건너편 옥바라지 골목의 여관에 방을 잡고 긴 밤을 지새웠을 것이다. 지금은 재개발로 모두 사라져버린 그 골목 앞에 예전의 역사를 짚어볼 수 있는 작은 기념관이 들어서 있다.

독립운동사를 보여주는 보안과 청사

담장 망루 옆에 있는 작은 철문으로 들어선다. 서대문형무소역사관의 입구다. 바로 그 앞에 보이는 건물이 보안과 청사다. 모든 감옥에서 보안과는 가장 중심적인 곳으로, 감옥 안에 갇힌 수형자들의 일거수일투족을 감시하는 핵심적인 일을 집행한다. 보안과에는 지하실이 있고, 그 지하실에서는 고문이 행해졌다. 바로 그런 쓰임새를 기억해서일까. 여기 보안과 건물 지하는 온통 고문체험관이다.

일제 고등경찰들은 이곳에서 수사를 진행하기도 했는데, 수사에는 항상 고문이 동반되었다. 경찰서 유치장까지 끌고 왔다 갔다

하는 번거로움과 계호(범죄자를 감시하며 이동시키는 일)의 어려움을 없앤 셈이다. 그리고 경찰서 형사들만이 아니라 교도소 자체 내에서도 독립운동하는 이들을 불러내서 직접 고문을 했으니, 일제강점기나 독립 이후에도 잔인한 고문의 역사를 간직한 곳이기도 하다.

전시관은 꽤 사실적이다. 천장에 거꾸로 매달린 사람은 이미 피 칠갑이 되어 있다. 그를 폭행하는 수사관이 있고, 그 옆방에는 수조에 머리를 집어넣어 물고문을 가하는 모습이 재현되어 있다. 그리고 손톱 밑 찌르기, 손톱 뽑기 등의 고문에 쓰였던 각종 도구들도 보인다.

실제 고문을 체험할 수 있는 곳도 있다. 벽관고문은 벽에 세워진 관 속에 들어가는 고문이다. 키 높이에 맞게 세 단계 높이의 벽관이 세워져 있다. 그곳에 들어가면 무릎을 굽히지 못하고 똑바로 서 있어야 하는데 밖에서 걸쇠로 걸어 잠근다. 사람이 그 자세로 단 몇 시간이나 견딜 수 있을까. 그 옆에는 유리상자 고문도구도 있다. 상자의 안쪽 벽에는 쇠꼬챙이들이 촘촘하게 박혀 있다. 그곳에 몸을 잔뜩 웅크리고 들어가게 해서 마찬가지로 밖에서 잠가버리고, 그 상자를 흔들기까지 했다고 한다. 사람이 그런 곳에 들어가 갇히면 버틸 재간이 없다.

그런데 고문을 설명하는 데 일제의 악랄함을 부각시키기 위해서 서구 제국주의와 비교를 한다. 서구 국가들은 식민지를 다스리면서 고문을 하지 않은 것처럼 이해될 수 있는 대목이다. 이건 사실과도 맞지 않는다. 서구 제국주의 국가들은 식민지 국가의 주민들을 인종주의적인 시각에서 열등한 존재로 취급했다. 고문과 학살도 서

습없이 저질렀다. 그런 것들을 도리어 일본이 배워와서 식민지 조선에 적용했던 것임에도 불구하고 이런 왜곡을 하고 있다.

보안과 청사 1층과 2층에는 서대문형무소의 변화 과정과 독립운동의 역사가 전시되어 있다. 독립운동사를 설명하는 중에는 '경성 트로이카(1933년 경성을 중심으로 반제국주의 투쟁, 학생운동, 노동운동, 농민운동, 독서회 등의 활동을 해왔던 사회주의 운동단체)'도 소개되어 있다. 신간회 이후 국내에서 이루어졌던 여러 독립운동의 갈래에서 사회주의적 지향을 갖고 노동운동을 전개했던 경성 트로이카의 이재유, 이현상 등의 활동을 보여주는 건 그나마 진전이 아닐까 싶다. 그리고 마지막에는 해방 뒤에 민주화운동을 하던 인사들이 수감되었던 역사도 간략하게는 소개되어 있지만, 스치며 지나가는 식이다. 전시가 의도적으로 일제강점기 독립운동에 집중되다보니 생긴 불균형이다.

이런 전시는 서대문형무소에서 일어났던 인권유린이 일제강점기로 끝난 것처럼 보이게 만든다. 일제가 자행했던 혹독한 고문과 가혹행위는 그대로 해방 후 대한민국에서도 이어졌다. 그런 관행은 1987년 서대문형무소가 지금의 서울구치소로 이전될 때까지 큰 변화 없이 계속되었다. 친일 잔재를 청산하지 못한 채 40여 년간 일제의 전통을 이어왔음은 얼마나 부끄러운가.

보안과 청사에서 심장 같은 곳은 2층 민족저항실이다. 네 개의 벽면 중 창이 있는 쪽만 제외하고 세 개의 벽면은 천장부터 바닥까지 수형기록카드로 가득 채워져 있다. 설명에 따르면 1989년 치안본부의 캐비닛에서 발견된 6,264장의 카드 중 중복된 경우를 제외한 것들인데, 20여 명을 제외하고는 모두 독립운동 전력이 있던

민족저항실 벽면을 빼곡히 채우고 있는 수형기록카드.

이들의 수형기록카드라고 한다.

유관순, 안창호 등 우리에게 익숙한 인물들도 보이고, 카드 앞면에는 사진 촬영 일자와 촬영 장소, 보존 원판의 번호, 앞과 옆모습의 사진이 부착되어 있다. 뒷면에는 성명/연령/신장/특징을 적고, 지문번호라는 것도 적게 되어 있었다. 지문을 채취해서 거기에 각자의 번호를 매긴 것이다. 앞면 4개 항목, 뒷면 23개 항목으로 이루어진 카드는 일제가 독립운동가들을 철저하게 관리했음을 보여준다. 색 바랜 사진들 속 인물 중 어떤 이는 얼굴이 비정상적으로 부어 있다. 아마도 고문의 흔적일 것이다. 그렇지만 대체로 눈빛만은 형형하다. 독립을 향한 기개를 잃지 않았기 때문이 아닐까 생각해본다.

서대문형무소에는 사상범, 정치범들이 많았다. 그런 전통은 해방 뒤에도 그대로 이어졌다. 그들에게는 철저한 감시와 엄격한 통제가 뒤따랐다. 그렇지만 그들은 독립운동을 하다가 잡혀왔다는 점에서 누구보다 긍지는 강했던 것으로 보인다.

소설가 심훈이 어머니에게 쓴 편지에는 밤이면 빈대 벼룩이 물어뜯는 감방 안에서 고통스런 수감생활을 해야 했던 이야기가 나온다.

> 주황빛의 벽돌담은 화로 속처럼 달고 방 속에는 똥통이 끓습니다. 밤이면 가뜩이나 다리도 뻗어보지 못하는데, 빈대, 벼룩이 다투어가며 진물을 살살 뜯습니다. 그래서 한 달 동안이나 쪼그리고 앉은 채 날밤을 새웠습니다.
>
> — 심훈, 「옥중에서 어머니께 올리는 글월」 중에서

여름이면 화로 속처럼 뜨겁게 달아오르다가 겨울철이면 얼음이 꽝꽝 얼어버리는 일제강점기 때의 감방은 수형자들이 생존 자체가 힘든 조건이었음을 단적으로 드러낸다. 독립운동가들은 특히 영양실조로 병을 얻기도 했고, 고문후유증에 시달리다가 죽어나가기도 했다. 유관순은 옥사했고, 안창호는 출옥 직후에 사망했다. 그런 사람들이 한둘이 아니었으니 저 수형기록카드가 가득한 방에 들어서면 절로 고개가 숙여진다.

판옵티콘 방식을 구현한 옥사들

서대문형무소역사관에 가면 감방들로 구성된 옥사가 있는데, 그중 세 곳은 들어가서 볼 수 있다. 감옥살이를 여러 번 해봤던 나는 그곳에 갈 때면 그때 생각이 나서 남다른 감상에 젖고는 한다. 첫 감옥은 20대 중반에 있었던 영등포구치소였다. 그 후 항소를 해 인근에 있는 영등포교도소로 옮겨갔고, 형이 확정된 다음에는 대전교도소에서 지냈다. 그로부터 20년 뒤인 40대 중반이 되어 몇 번 더 감옥을 들락거렸다. 그래서 감옥은 나에게 무척이나 익숙한 곳이다.

남자 옥사는 모두 열두 개였는데, 지금은 9옥사를 비롯해서 네 개의 사동(교도소에서 수형자가 생활하는 건물을 이르는 말)만 남았다. 붉은 벽돌로 지은 2층 건물이다. 지붕은 팔작지붕인데 거대한 나무 서까래가 그대로 드러나 보인다. 9옥사는 별도로 있고, 10·11·12옥사는 한 꼭짓점에 모인다. 그곳이 중앙사(중앙에 위치한 사동)다. 간수는 한자리에 앉아서 방사형으로 배치된 감방을 모두 볼 수 있다. 물론 감방 안에 있는 수감자는 간수가 어디서 뭘 하는지를 볼 수 없다. 서대문형무소는 판옵티콘panopticon 방식(영국의 공리주의 철학자 제러미 벤담이 제안한 감시의 형태)을 구현해서 지은 감옥으로 유명하다.

감시받는 자는 감시하는 자를 보지 못하고, 감시하는 자는 감시받는 자의 일거수일투족을 살펴볼 수 있는 일망감시—望監視 체제. 이런 벤담의 판옵티콘은 프랑스 철학자 미셸 푸코에 의해서 재해석되었다. 감시받는 자와 감시하는 자 사이의 비대칭성으로 말미암아 감시받는 자는 그 감시를 내면화한다. 늘 감시당하고 있다는 생각을

판옵티콘 방식을 구현한 옥사.

갖고 조심하게 되고, 나아가서 자기검열을 하게 된다. 이런 식으로
알아서 규율을 잘 지키는 시민이 되어간다. 반면에 규율을 어기는
이들은 감옥에 처넣고 자유를 박탈한다. 사회에서 격리시키고, 폭력
을 통해서 규율을 강제하는 것이다. 이때 감옥의 존재는 감옥 밖의
사회 구성원들에게 영향을 미친다. 혹독한 규율과 엄혹한 수감생활
은 감옥 밖의 세상에서 보면 공포일 것이다. 근대국가의 규율사회는
이렇게 해서 만들어진다. 현대에 와서 판옵티콘 이론은 정보감시사
회를 설명하는 유용한 도구로 발전한다.
　　서대문형무소역사관에서 판옵티콘의 이념을 가장 잘 구현하고 있는 곳은 중앙사와 그곳에 딸린 세 개의 옥사가 아니라 '격벽장'이다. 격벽장은 벽으로 칸을 막고 그 칸에서 운동을 하게 했던 시설인데 옥사를 나와 사형장으로 가는 길에 있다. 부채꼴의 담 안에 마치 피자 조각처럼 벽으로 구획된 공간이 있다. 수감자들은 그곳에 한 명씩 들어가서 운동을 하고, 교도관은 부채꼴의 꼭짓점에 해당하는 위치의 단 위에 올라가서 모든 공간을 감시하게 된다. 한 번에 모든 수형자들의 운동 상태를 점검할 수 있는 구조인 것이다. 현재의 서울구치소에 가면 이런 시설이 좀 더 발전된 형태로 구현되어 있다.

이곳에는 감옥에서나 쓰는 말들이 남아 있다. 중앙사 입구 맞은편에는 제3통용문이라는 팻말이 아직도 붙어 있다. '통용문通用門'이란 사람이 드나드는 데 쓰는 문이라는 뜻으로, 사회에서 이런 용어는 사라졌다. '교회敎誨'라는 단어의 의미도 생소하다. 가르치고 회개시킨다는 뜻인데, 주로 사상범들을 전향시킬 때 썼던 말이다. 일제 때의 전향공작을 1972년 유신헌법을 제정하면서 종신 집권을 꾀했던 박정희가 강화한다. 그런 정책이 반영되어 감옥 내에서 비전향 장기수에 대한 고문을 동반한 전향교육이 극성을 부렸다. 이 전향교육을 전담한 이들이 교회사였다.

'패통 친다'는 말도 있다. 실제 감방에는 패통이 있다. 간수를 부를 필요가 있을 때 감방 벽의 구멍에 손가락을 넣어 나무막대로 만들어진 패통을 밀어서 쓰러뜨린다. 그러면 '딱'하는 소리와 함께 복도 쪽으로 막대가 쓰러져 있게 된다. 그것은 밖에서만 다시 세울 수 있다. 그 패통이 내려가 있는 것을 간수가 확인한 다음에야 조치

감방에 설치된 패통.

가 이뤄진다. 물론 감히 간수를 부를 수는 없다.

감방 안의 재소자들은 끊임없이 서로 소통하려고 노력한다. 그게 '통방通房'이다. 통방의 방법 중에 '타벽'이 있다. 미리 소리와 글을 정해놓고 벽을 모스부호 전하듯 탁탁 쳐서 내용을 전달하는 것이다. 보통 사람들은 이걸 듣지도 파악하지도 못하겠지만 그곳에서는 가능했다. 그걸 통해서 전 사동에 외부의 소식이 전해지거나 동지의 안위가 전달되거나 투쟁지침도 하달된다. 누구는 타벽을 통해서 학습을 하기까지 했다고 하니 놀라운 일이 아닐 수 없다.

존엄을 짓밟는 감옥살이

남자 옥사는 열두 개 중 네 개의 사동만 남아 있다. 그나마 다행이라고 해야 할까. 그런데 남은 사동들도 사실상 원형 그대로가 아니다.

가장 많이 손을 댄 게 화장실이다. 처음에는 '뺑끼통(교도소에서 쓰는 말로, 감방 안에 있는 변기)'을 안에 들여다놓고 판자 위에서 볼일을 보았지만, 이후에는 마룻바닥을 뚫어서 그 아래 변기통을 대놓았다. 앞에서 인용한 리영희 선생이 말한 상황은 아마 그때일 것이다. 20대 중반 무렵 내가 첫 감옥살이를 할 때 영등포교도소 화장실은 재래식이었다. 변기 아래로는 쥐들이 똥덩이 위를 기어다녔다. 수건을 비닐봉지에 넣고 커다란 마개를 만들어서 막아야 했다. 잘못 막으면 냄새가 진동했다. 냄새가 나지 않도록 꽁꽁 막았는데도 구더기는 잘도 밖으로 나와 마룻바닥을 기어 다니고는 했다.

1987년 4월, 대전교도소로 이감을 갔더니 그곳은 화변기(쭈그리고 앉아서 대소변을 보는 수세식 변기)였다. 일단은 구더기를 걱정하지 않아도 됐다. 냄새를 차단하기 위해서 애를 쓰지 않아도 됐다. 대변이고 소변이고 물이 고인 그곳을 정확히 조준해서 일을 본 다음에는 변기를 윤이 나도록 닦았다. 그리고 물이 고이는 부분을 마개로 막아서 변기가 가득 차게 물을 받는다. 그 물로 세수도 하고, 샤워도 했다. 더럽다는 생각은 안 했다. 그런 방법은 그곳에서 만난 장기수 강용주(1985년 구미유학생 간첩 사건으로 무기징역을 선고받은 최연소 장기수)에게서 배웠다. 대전교도소의 수세식 변기는 혁명적 변화였다.

2006년 평택교도소에 수감되었을 때부터는 양변기를 쓸 수 있었다. 그리고 수도꼭지도 방마다 설치되었다. 물을 배급 받아서 쓰던 시절의 감옥은 더 이상 없었다. 감옥에서 물은 너무도 귀했지만, 지금의 감옥은 독방이건 혼거방(감옥에서 여러 사람이 함께 섞여 지내는 방)이건 상관없이 물을 수도에서 받아서 쓴다. 다만, 지금도 더운물은 밖에서 받아서 써야 한다.

서대문형무소에도 외부 뺑끼통을 놓았던 흔적이 있고, 더 나아가서 각 방마다 화장실을 설치했던 흔적이 있다. 그걸 옥사 밖에 설명해놓았다. 서울구치소를 이전하면서 화장실까지 철거한 이유를 모르겠다. 아마도 일제강점기 때의 모습으로 돌려놓기 위해서였을 거란 추측만 해본다.

전시 과정에 수형생활의 변천을 볼 수 있는 곳이 있기는 하다. 수형자들의 옷이 바뀌었다거나 하는 것들이다. 일제강점기 때는 미결수는 청색, 기결수는 갈색이었다고 한다. 형이 확정되지 않은 미결수에게는 '무죄추정의 원칙'을 적용했다. 물론 옷은 남루해서 바깥에서 사제품을 들여보내지 않으면 그 옷만으로는 한겨울 추위를 이기지 못했을 것이다. 그런데 해방 뒤에 감옥에서는 미결수든 기결수든 모두 청색 수의를 입혔다. 1986년 감옥에서도 모두 청색 수의를 입고 있었다. 1990년대에 들어와서 인권운동가들이 문제제기를 하고, 헌법소원을 하고 난 뒤에야 옷 색깔이 바뀌었다. 그래서 이제는 미결수는 갈색, 기결수는 청색으로 수의가 지급된다.

서대문형무소역사관에서 사람들이 가장 흥미롭게 보는 것은 '가다밥'이었다. 80년대 중반에 처음 감옥에 갔을 때만 해도 가다밥이 있었다. '가타型'는 '틀'을 뜻하는 일본 말이다. 가다밥은 밥을 틀

서대문형무소 옥사의 감방 문.

에 찍어서 배급하는 것을 말한다. 1등급에서 8등급까지 밥의 양이 달랐다. 각 등급별로 틀의 나무 두께를 달리하는 방식으로, 8등급에서 1등급으로 올라갈수록 양이 더 많이 담기게 되는 원리였다. 일제강점기 때는 콩과 보리, 조가 주였고, 쌀은 아주 조금 섞어주었다. 밥에 콩이 많아서 '콩밥'으로 불렸던 게 지금까지도 '콩밥 먹는다'는 말로 남아 있게 되었다.

등급 하나에 따라서 참 많은 게 달랐다. 등급제는 수인들이 좀 더 밥을 많이 먹기 위해서 규율을 잘 지키게 하고, 부당한 지시나 명령에도 복종하게 만들었다. 면회, 운동, 편지의 횟수부터 등급에 따라 달랐는데, 거기에 밥까지 차이가 났다. 이런 일제강점기 때의 정책이 고스란히 2000년 가까이까지 이어졌다.

감옥생활의 고단함은 감방의 공간에 비해서 수용인원이 너무 많은 데서부터 시작됐다. 과밀수용은 현재까지도 해결되지 않는 문제다.

많은 죄수가 앉아 있을 때엔 마치 콩나물 대가리 모으듯 되었다가 잘 때는 한 사람은 머리를 동쪽 한 사람은 서쪽으로 해서 모로 눕는다. 그러고도 더 누울 자리가 없으면 나머지 사람들은 일어서고 하는 통에 두 발로 먼저 누운 자의 가슴을 힘껏 민다. 그러면 누운 자들은 '아이구 가슴뼈 부러진다' 하고 야단이다.

하지만, 미는 쪽에서는 또 누울 자리가 생기니, 서 있던 자가 그 사이에 드러눕고 몇 명이든지 그 방에 있는 자가 다 누운 후에야 밀어주던 자까지 다 눕는다.

— 김구, 『백범일지』 중에서

백범 김구 선생이 세번째 투옥되었을 때 서대문형무소 감방의 풍경이다. 세 평 남짓의 방에 열 명 정도를 수감했으니 밀도가 너무 높았다. 그래서 수형자들은 예나 지금이나 독방을 선호한다. 독방이라고 해야 넉넉한 공간은 아니다. 리영희 선생은 길이 여덟 자, 너비 넉 자라고 했으니 0.9평도 채 안 되는 공간이었다. 그 독방에 앉으면 정말 관 속에 들어가 있는 것만 같다.

예전에 한국 교도소의 독방은 '0.75평'으로 상징되었다. 예전

대전교도소의 특별사동 독방이 아마 0.75평이었을 것이다. 그런데 이곳은 0.9평까지 나오니 조금 넓다고 해야 할까. 50대에 서울구치소에 수감되었을 당시 1.5평 독방에서 생활한 적이 있었다. 방이 그렇게 넓어 보일 수 없었다. 두 사람이 눕고도 남을 공간이라니. 리영희 선생은 물이 꽁꽁 어는 겨울 감방을 말했는데, 2010년에 서울구치소에 가니 방에 난방이 되는 것이었다. 방바닥이 미지근했지만 그게 어딘가 싶었다.

독방 중에 빛을 차단한 방이 먹방이다. 12옥사에 먹방이 세 개 있는데 평수는 다른 독방보다 작아서 겨우 0.7평 정도이다. 문이라도 열어놨으니 망정이지 저 문마저 닫히면 옆에 사람이 있어도 알아볼 수 없는 칠흑 같은 어둠으로 변할 것이다.

20대에 들어간 감옥에서 먹방에 하룻밤 갇힌 적이 있다. 한 점의 빛도 들어오지 않으니 옆 사람의 실루엣도 느낄 수 없다. 팔 뒤로 채워진 수갑을 다리와 연결해 묶는 식의 '돼지묶음' 당해서 그 먹방에 처넣어진다면? 똥오줌을 바지에 그대로 지려야 하고, 그런 중에도 밥을 개밥으로 핥아먹는 경험을 해야 한다면? 먹방은 철저하게 존엄성을 뭉개버리는 그런 징벌의 공간이었다. 먹방이 없어진 것은 국가인권위원회가 생기고도 한참이나 지난 뒤였다.

정치범 옥사와 여옥사

11사 1층 감방들에는 서대문구에서 민주화운동 관련한 전시를 한다. 민주인사들의 방을 정해서 각자의 방 앞에 그들의 발바닥을 동으로 떠서 새겨놓았다. 각 방에는 그 주인공들의 생애를 알 수 있는 간단한 전시들이 상설로 이루어진다. 이소선 여사, 이돈명 변호사, 박형규 목사와 같이 고인이 된 분들의 방도 있고, 생존해 계신 분들의 방도 있다.

정치범들은 주로 1~7옥사에 수감되었다고 하는데, 그들 옥사들은 모두 허물어져서 사라졌다. 그런 중에 독립투사들, 해방 뒤에는 비전향 장기수 등 정치범들이 수용되었다는 9옥사는 남아 있다. 그곳은 중앙간수소와 연결되지 않은 유일한 독립옥사다. 이 건물의 벽에 총탄자국이 남아 있는데, 한국전쟁 때 생긴 흔적이다. 당시 이곳 수감자들이 학살당했던 일들이 최근에 알려졌다. 한국전쟁 초기에는 서울이 너무 급히 인민군에 점령당해서 수감자들을 학살하지 못한 채 철수를 했지만 이후 서울 수복 시에 인민군이 철수하면서 학살을 자행했고, 이후 1·4후퇴 때 한국군이 철수하면서 수감되었던 사람들을 학살했다고 한다.

정문 왼편에 있는 작은 건물이 여성 수감자들이 머물렀던 여옥사다. 이 옥사는 1918년 건립해서 1979년까지 사용하고 철거했다. 안내판의 설명에 따르면, 2009년에 설계도면을 발견하고 그에 따라 2011년에 원형대로 복원했다고 한다. 하지만 유관순 열사가 순국한 곳으로 알려진 지하감옥으로 들어가는 계단은 막혀 있었다. 지하감옥은 애초부터 없었는데 와전된 것이라고도 하는데 어느 것이 맞는지는 모르겠다.

여옥사 전체는 여성 독립운동가들을 기리는 전시로 모든 방과 벽들이 꽉 채워져 있다. 여백이 없이 너무 많은 콘텐츠와 전시물 들이 있다보니 답답한 느낌마저 든다. 이곳에는 남성 수감자 사동에서는 볼 수 없는 전시물들이 있다. 검은 흙물이 든 버선과 검은 고무신이다. 각각 1930년대와 1940년대의 물건으로 추정되는데 여옥사 보수공사를 할 때 발견되었다고 한다. 여성 수감자들이 뜨개질로 만든 화병 받침대도 있다.

여옥사에서는 3·1운동 당시에 수감되었던 여성 독립운동가들을 소개하고 있는데, 그중 8호 감방을 특화해서 소개한다. 그곳은 유관순, 김향희, 권애라, 신관빈, 심명관, 임명애, 어윤희, 노순경 등 여성 독립운동가들이 주로 수감되었던 곳이다.

이 여옥사와 관련해서 전해지는 감동적인 이야기가 있다. 3·1운동으로 체포되어 수감된 임명애는 이곳에서 출산을 하게 된다. 그때 함께 수감되었던 유관순 등은 기저귀를 자신의 몸에 감아서 체온으로 데워주면서 아이를 같이 키웠다고 한다. 1935년에 체포된 박효정은 임신 중이었는데, 이후 출산은 밖에서 하고 이곳에서 1년간 아이를 키웠다. 박효정은 이 아이에게 "식민지라는 '철'창에 '한'이 맺혔다"는 뜻의 철한이라고 이름을 지어주었는데, 아이는 밖에 나가서 2개월 만에 죽었다고 한다. 지금의 감옥도 아이를 낳고 기르기에는 너무 열악한 환경인데 일제 시기의 감옥에서 출산하고 아이를 키우는 일은 동료들의 헌신적인 도움이 없이는 불가능했을 것이다. 이런 기막힌 사연들은 더 많이 발굴되고 알려져야 할 것 같다.

어쩌면 여성에게 더욱 가혹했던 일제의 감옥은 그대로 해방 뒤까지 이어졌지만, 이곳 역시 해방 뒤 여성들의 수감에 대해서는 침묵한다. 민주화운동 과정에서 수감되었던, 또는 간첩 조작 등으로 수감되었던 국가폭력의 피해자들의 이야기는 여기에도 없다.

사형장 앞에서 묵념을

서대문형무소의 가장 깊은 곳에 사형장이 있다. 165명의 독립투사들을 추모하는 추모비를 지나면 붉은 담장으로 둘러쳐진 곳이 보이고, 그 앞에 미루나무가 하늘 높이 솟아 있다.

이곳 사형장은 1916년에 건립했다고 한다. 그때 미루나무를 5미터 높이의 붉은 담장 밖에 한 그루, 담장 안에도 한 그루를 심었다는 이야기가 있다. 그런데 담장 밖의 미루나무는 정상적으로 성장해서 하늘을 찌를듯이 높이 솟아 있는데, 담장 안의 미루나무는 같은 해에 심었다고 하기에는 너무 심하게 자라지를 못했다. 그래서 사람들은 이 미루나무를 '통곡의 미루나무'로 불렀다고 한다. 사람이 죽어가는 걸 지켜본 나무가 제대로 클 수 있었겠는가.

사형장은 보기에도 을씨년스럽다. 삼각형의 지붕에 검은빛의 작은 목조 건물. 안에는 들어가볼 수도 없고, 촬영도 금지되어 있다. 밖에서 들여다보니 입구에서 정면에 바로 보이는 곳 윗부분에 매듭지어진 굵은 밧줄이 타원형으로 늘어져 있다. 그 아래에 의자가 하나 놓여 있다. 그 나무 의자에 사형수가 앉으면 밧줄이 내려오고 사형수의 목에는 밧줄이 걸린다. 바닥이 젖혀지고 의자는 아래로 떨어지고, 사형수는 밧줄에 매달리게 되어 목숨이 끊어진다. 그때 마지막으로 대한독립 만세를 외치며 죽어갔던 이들, 민주주의 만세를 외치며 최후를 맞았던 이들의 심정은 어땠을까. 살아 있는 사람의 목을 조이던, 그래서 결국은 숨을 끊어놓았던 저 밧줄, 도대체 저 밧줄에 얼마나 많은 사람들이 목숨을 잃었을까.

뒤로 돌아가면 지하로 내려가는 계단이 있다. 그 아래에서 시신을 수습한 다음에 사형장 후문에 바로 나 있는 시구문을 통해 밖으로 시신을 내보냈다고 한다. 시구문은 사람이 약간 허리를 숙이고 들어갈 수 있을 정도의 굴이다. 이 통로는 원래 200미터였다고 하는데, 1992년 독립공원 조성 때 발굴했고, 40미터를 복원했다고 한다. 지금은 입구를 막아놓았다.

조선총독부의 관보에 따르면, 1910년부터 1945년까지 35년 동안 1,025건의 사형을 집행했다. 연 평균 29.3건, 월 평균 2.44건이다. 해방 뒤 대한민국에서는 1948년부터 1997년까지 920명을 사형 집행했다. 연 평균 18.4건, 월 평균 1.53건이다. 이승만 정권 때는 258명, 박정희 정권 때는 473명이 형장의 이슬로 사라졌다. 그중 이곳에서 집행된 사형이 얼마나 되는지는 정확히 모르겠다. 1916년부터 1987년까지 이곳이 감옥으로 계속 사용되었으니까 상당수의 사형수들이 이곳에서 죽어갔을 것이다.

억울한 누명을 쓰고 이곳에서 사형당한 이들도 있다. 진보당 조봉암, 민족일보 조용수, 남조선혁명당 권재혁, 인혁당 재건위의 여덟 명 등은 재심을 통해 무죄를 선고 받은 사람들이다. 일제나 독재 정권이나 정치적 목적으로 사법살인을 저질렀던 것이 어디 한두 건인가. 이들은 무고함이 밝혀졌지만 이미 고인이 되어버렸다. 이런

'통곡의 미루나무'로 불렸던 사형장 미루나무. 담장 너머에는 시원하게 자란 미루나무 한 그루가 있다.

사실은 사형제의 폐지를 역설한다.

　다행히 우리나라는 1997년 12월 30일, 23명을 사형시킨 뒤로 사형 집행을 하지 않고 있어서 사실상의 사형 폐지국이다. 우리나라에서는 15대 국회 때인 1999년에 처음 사형폐지법안이 제출된 이래로 20대 국회까지 매번 법안이 제출되었지만 법사위도 통과되지 못하고 자동 폐기되는 상황이 반복되고 있다. 국제 사회에서는 사형 폐지가 대세가 된 지 오래다. 전 세계 140개가 넘는 국가들이 사형제를 폐지했는데 한국은 너무 늦었다. 사형장 앞에 서면 이곳에서 죽어간 생명들을 기억하면서 꼭 묵념을 하면 좋겠다.

감옥에서 되찾아야 할 인권

근대국가에서 범죄를 저지른 수형자에게 가하는 형벌은 '자유형'이다. 범죄자의 자유를 박탈하는 것으로 형벌을 가한다. 이에 비해서 중세의 형벌은 '신체형'이었다. 범죄자들에게 매를 가한다든지, 신체의 일부를 절단한다든지, 대중이 보는 앞에서 처형하는 식이었다. 이런 잔인한 처벌을 대신해서 근대에서는 범죄자라고 해도 교화시켜서 사회에 적응하도록 하는 것이다.

　서대문형무소는 우리나라 최초의 근대감옥이라고 말하지만, 그건 일제의 수사일 뿐이다. 형태만 근대였지 근대 형벌의 원리인 자유형을 구현하는 감옥은 아니었다. 전근대적인 폭력과 기아와 질병, 가혹한 노동 착취를 체계화하여 수감자를 굴종시키는 일본 제국주의의 통치기구, 즉 식민통치를 효과적으로 수행하기 위한 장치였다. 그런 감옥제도는 해방 뒤의 대한민국에도 그대로 이어졌다.

현대에 들어와서는 피구금자의 인권을 보호하기 위한 논의들이 국제 사회에서 진전을 보였다. 유엔은 1955년에 제정하고 2015년까지 개정을 거듭한 이른바 '넬슨 만델라 규칙Nelson Mandela Rules'이라 불리는 '유엔 피구금자 처우에 관한 최저기준규칙'을 만들어 이를 준수할 것을 회원국들에게 요구한다. 이 규칙 제1조는 "모든 피구금자의 처우는 인간의 존엄성과 가치에 입각한 존중에 기반을 두어야 한다. 어떠한 피구금자도 고문, 기타 잔인하거나 비인간적이거나 모욕적인 처우 또는 처벌을 받지 않도록 보호되어야 하며, 어떠한 방식에 따르더라도 이러한 상황은 정당화될 수 없다"라고 선언한다. 피구금자의 "자유를 박탈하여 자기 결정의 권리를 빼앗는다는 사실 자체로서 고통을 주는 것"이 현대 형벌의 본질이며, 그 목적은 사회를 범죄로부터 보호하는 것이고, 범죄자가 출소 이후에도 사회에 재통합될 수 있도록 하자는 것이다.

일제의 관행과 시스템을 고스란히 물려받은 감옥이 이런 유엔의 기준에 맞게 변화하기 시작한 것은 1990년대 이후였다. 1980년대 내내 양심수들은 감옥에서 처우 개선을 위한 투쟁을 했고, 인권운동이 이를 지지하고 지원했다. 1990년대 민주화 과정에서 정부의 노력이 이어졌고, 2001년에 설립된 국가인권위원회가 감옥 내 인권침해에 대한 조사와 권고를 한 이후 많은 변화가 뒤따랐다. 외부의 감시 속에 놓이게 되면서 감옥 내에 존재하던 합법·비합법의 폭력들이 점차 사라져갔다. 그렇다고 지금의 감옥이 국제인권 기준에 부합한다고는 할 수 없다.

우리나라의 감옥 현실과 관련해서는 우선적으로 과밀수용부터 지적받는다. 독거수용이 원칙이라고 하지만 독거수용은 하늘의 별 따기다. 혼거수용으로 초범자와 재범자가 한 방에서 거주하게 되면서 감옥이 '범죄 학교'가 되는 문제도 있다. 턱없이 부족한 의료 시스템도 문제다. 인력도 부족하고, 외부 진료를 나가는 것도 어렵다. 특히 여성에게는 전문적인 의료서비스가 제공되어야 하지만, 역시 한없이 부족하다. 결국 한국의 감옥은 하드웨어에서부터 소프트웨어까지 모두 문제가 있다는 국제 사회의 지적을 수없이 받아오고 있는 게 현실이다.

서대문형무소는 안타깝게도 원형을 많이 잃어버렸다. 한때 4천5백 명, 평소 3천 명의 수형자들을 수용했던 한국의 대표적인 감옥은 이제 감옥의 상징인 담장과 망루를 대부분 없애고, 건물들을 대부분 철거한 채 특정 목적의 전시 위주의 공간으로 만들어버림으로써 이곳이 갖는 장소성은 심각하게 왜곡되고 훼손되었다. 오히려 지금은 특정 목적의 전시관이라고 해야 옳을지도 모른다. 고문으로 대표되는 고통의 전시, 일반범의 수형생활은 삭제한 채 보여주는 독립운동 중심의 전시, 일제강점기로 한정함으로써 의도적으로 해방 이후의 민주화운동은 감추려 하는 이런 전시가 이곳을 찾는 방문객에게 주는 효과는 무엇일까.

그러니 이곳에서 전시하지 않고 있거나 일부러 감추고 있는 점들을 찾아서 봐야 온전한 역사를 그려볼 수 있다. 어느 사회에서건 감옥은 독자적으로 존재하지 않고 수많은 법과 제도, 체제와 연결된다. 형벌 처벌권을 쥔 지배 세력은 감옥을 통해 통치 의지를 실현한다. 우리나라의 감옥은 '유전무죄, 무전유죄' 또는 '유권무죄, 무권유죄'의 표상이었다. 범죄로 수감되는 사람들은 대부분 약자들이다. 배고파서 라면 하나 훔친 사람이 전과가 있다는 이유로 3년형을 선고받지만, 3억 원 대의 사기를 친 사람은 집행유예로 석방되는 식이다. 한때 재벌 회장들이 감옥에 가면 갑자기 아픈 척을 해서 집행유예를 받고 나오니 '아프니까 재벌이다'라는 풍자가 나오기도 했다.

감옥의 역사 위에 오늘의 인권이 서 있다. 한 평도 안 되는 감옥 안에서, 볕 한 줌 들어오지 않는 감옥 안에서, 쇠창살이 더욱 시린 한겨울 영하의 감옥 안에서, 보안과 지하 고문실에서, 그리고 변변한 치료도 받지 못하던 병실에서, 어쩌면 조작과 왜곡된 힘에 의해서 최후를 맞아야 했던 사형장에서, '사람'을 읽어내야 한다. 독립운동과 민주화운동 투사들 얼굴 위에 이 사회의 가장 밑바닥 인생들의 얼굴을 겹쳐서 볼 수 있어야 한다. 또한 감옥을 그곳에 갇힌 이들의 것으로만 사고하는 게 아니라 감옥이 맺고 있는 수많은 관계들, 그리고 그 안에 갇혔던 수많은 사람들의 관계를 같이 생각해야 한다.

1998년 11월에 이 역사관을 개관했으니 벌써 20년이 넘었다. 이제 전시 방향과 내용도 시대의 흐름에 따라 변화를 줄 때도 되었다. 바로 인권의 관점으로 말이다.

마석 모란공원

봄을
찾아가는
세 갈래 길

뜨거웠던 삶들이 죽어 모인 곳

서울에서 춘천 방향으로 경춘국도를 따라가다가 경기도 남양주시 화도읍을 지나면 마석 모란공원이 나온다. 모란미술관 옆이다. 공원 묘지와 미술관이 나란히 있다는 것부터 이채롭다. 공원에 들어서면 양옆에 선 아름드리나무들이 울창한 숲길을 만들고 있어서 이곳이 오래되었음을 알 수 있다. 모란공원은 1966년부터 공원묘지로 조성되었고, 1969년부터 안장하기 시작했다고 한다. 현재까지 약 1만 3천 기의 묘가 들어섰다고 하는데, 산 전체가 공원묘지다. 이곳에는 민주화운동, 노동운동, 인권운동, 통일운동 등 각 분야의 사회운동을 했던 이들의 묘가 150기 정도 들어서 있다. 그래서 이곳을 '민주열사묘역'이라고 부른다.

모란공원의 민주열사묘역은 야트막한 언덕에 있어서 포근한 산속 정원 같다. 높지 않은 묏등들이 넉넉하게 간격을 두고 배치되어 있는데, 봉분들의 높낮이며 묘의 형태들도 같은 듯 서로 달라서 무척이나 자연스럽다. 흰 눈이 덮이는 겨울이 되면 아늑한 느낌까지 드는 곳이다.

언덕 위에서 내려다본 민주열사묘역.

그렇지만 이곳은 치열한 역사의 현장이다. 최근 현대사를 온몸으로 밀고 온 사람들의 무덤들이 모인 곳이다. 민주열사의 묘지마다 무덤 주인의 이력을 적은 작은 안내판이 있고, 묘비에는 붉은 머리띠가 둘러져 있다. 그래서 이곳에는 매일같이 누군가의 추모식이 열린다.

공원 입구의 안내판 앞에 서보자. 처음 이곳을 찾는 사람이라면, 이곳에서 묘역도를 보고 자신이 찾아갈 묘소를 미리 확인하는 게 좋다. 묘지번호까지 알고 가면 헤매지 않을 것이다. 안내판 옆길로 들어서면 마치 산사의 일주문을 들어서는 기분이다. 이 세상을 지나 저 세상으로 건너가는, 죽은 자들의 세상으로 들어가는 느낌이랄까.

이곳에 묻힌 이들은 죽음의 양상도 다양했다. 분신이나 자결로 죽음을 택한 이들, 공권력에 죽임을 당한 이들, 아직도 진상이 밝혀지지 않은 의문사한 이들도 있다. 노년까지 활동을 이어간 이들도 있고, 20대에 운동의 현장에서 목숨을 잃은 이들도 많다. 사상도, 이념도, 정파도 다르고, 살아온 삶도 각기 달랐지만, 사익을 위해서가 아니라 공공의 이익을 위해서 자신의 온몸을 바쳐서 한 시대를 살다 갔다는 공통점이 있다.

전통적으로 '열사烈士'는 불의에 항거하여 자신의 목숨을 바친 '저항적 자살'을 한 이들을 지칭했다. 그렇지만 1980년대를 거치면서 원래의 엄격한 개념은 많이 변했다. 공권력에 의한 타살, 민주화운동 과정에서의 의문사는 물론 병사나 사고사까지 포함되어서 지금은 열사라는 개념이 좀 더 넓게 쓰이고 있다. 그래서 사회운동을 하다가 죽어간 이들을 통칭해서 열사 또는 민주열사라고 부른다.

비석의 앞면만 보지 말고

내가 이곳을 잘 알고 있을 거라 생각하는 이들이 가끔 내게 모란공원 안내를 부탁하고는 한다. 그래서 안내에 나설 때마다 내가 사람들에게 하는 말이 있다. 이곳을 전체적으로 보라고. 그러면 한국현대사가 보이고, 우리 사회의 변화를 위해 애쓰다 간 사람들의 일생들이 보인다고. 그래서 묘를 돌아볼 때 비석의 앞면만 볼 게 아니라 옆면과 뒷면도 볼 것을 권한다. 보통 비석의 앞면에는 누구누구 묘라고 적혀 있어서 그 자리의 주인을 알려준다. 그리고 옆면에는 출생과 사망 연월일이나 가족들의 이름이, 뒷면에는 보통 그 사람의 약력이나 유지를 집약한 글귀들이 쓰여 있다. 그렇기에 누구의 묘인지 아는 데서 그치는 것이 아니라 그 사람의 일생까지 챙겨볼 수 있다.

하지만 이곳을 제대로 돌아보는 일은 말처럼 쉽지 않다. 150명도 넘는 이들의 일생을 알려면 너무 많은 시간이 걸린다. 민주열사 묘역이라고는 하지만, 어떤 순서나 규칙 없이 그때그때 무덤들이 들어섰기 때문이다. 지금이야 납골도 많이 하고, 원래 들어서 있던 묘도 화장을 해서 빈자리들이 많지만, 10여 년 전까지는 이곳에 묘를 쓰려면 자리가 없었다. 다른 이가 맡아놨던 자리를 사정사정해서 쓰기도 했고, 어떤 때는 능선을 깎아서 새로운 묫자리를 만들기도 했다. 시대도 분야도 구분 없이 그때그때 들어선 무덤들이 일반인들의 묘와 함께 어울려 있다. 그러니 특정 인물의 묘를 찾아가는 게 아니라 두루두루 돌아보려고 한다면, 어디서부터 발걸음을 시작해야 할지, 그리고 어디로 이어서 가야 할지 동선을 그리기가 막막하다.

이곳에 처음 온 사람들은 아마도 전태일이나 문익환, 김근태, 노회찬, 박종철 등의 묘를 먼저 찾는 것 같다. 이름을 들어본 사람들의 묘부터 가보는 것도 이곳에 익숙해지는 좋은 방법이다. 아니면 자신이 몸담고 있는 분야의 사람들을 찾아보는 것도 좋겠다.

여기서는 주제별로 '노동의 길' '민주의 길' '인권의 길'을 만들어보았다. 이 세 갈래 동선은 내가 편의적으로 만들어본 것이다. 먼저 이곳 민주열사묘역에 묻힌 가장 많은 사람들이 노동운동가이니 '노동의 길'부터 따라가보자.

노동의 길

노동운동의 성지처럼 인식될 만큼 많은 노동운동가들의 무덤이 있다. 입구부터 차봉천-유구영-김종수-송철순-김종배-김현준-성완희-김봉환-김말룡-박영진-전태일-김용균-김경숙-강민호-김종하-문송면-이종대-김시자-최종범-윤주형-배재형-김진수 등으로 이어지는 길을 그려볼 수 있다.

전태일, 김진수, 김경숙은 1970년대에 세상을 떠난 노동운동 초기 사람들이다. 한국전쟁 이후 남한에서는 노동운동이라고 할 게 별로 없었다. 그러다가 1970년 전태일 열사의 분신 이후 노동운동은 재건되기 시작한다. 박영진, 성완희, 송철순, 김종수 등은 1980년대 노동운동 현장에서 산화한 이들이다. 이들은 1987년 노동자 대투쟁의 앞과 뒤, 노동운동이 전노협-민주노총으로 발전하는 과정에서 세상을 떠났다. 전교조 활동을 하던 김현준이나 공무원노조를 조직했던 차봉환도 있다.

그리고 최용범, 윤주형, 배재형 등은 2000년대 비정규직 노동운동과 관련 있는 활동을 하다가 이곳에 묻혔다. 한국의 노동운동의 중심이 비정규직으로 옮겨가고 있음을 볼 수 있다. 이와 함께 문송면, 김봉환은 1988년 산업재해를 처음 사회적인 의제로 끌어올린 죽음들이고, 20년이 지나고 노동운동이 발전했어도 산업 현장은 여전히 안전하지 않다는 것은 젊은 김용균의 죽음이 증명한다.

그밖에 노동운동과 관련한 다양한 흐름들도 확인할 수 있다. 치열했던 1970년대 이후 노동운동의 역사 대부분이 여기 있다.

전태일의 묘비에는 '삼백만 근로자 대표 기독청년 全泰一의 묘'라고 적혀 있다. 그때는 노동자가 3백만 명 정도밖에 되지 않던 때였다. 전태일의 어머니 이소선은 마흔한 살에 큰아들 전태일을 잃었다. 그는 돈다발을 들고 와서 회유하던 중앙정보부 기관원과 노동부 등의 관료 들에게 넘어가지 않고 아들의 정신을 지켜냈다.

전태일은 어머니 이소선에게 "어머니, 내가 못다 이룬 일 어머니가 꼭 이루어주십시오" 하고 당부했다. 이소선은 죽어가는 아들 앞에서 "그래 아무 걱정 마라, 내 목숨이 붙어 있는 한 기어코 내가 너의 뜻을 이룰게" 하고 답한다. 그는 아들이 못다 이룬 꿈을 이루기 위해 수없이 유치장과 감옥을 들락거리면서도 쉬지 않았다. 청계피복노동조합을 만들었고 평화시장에서 헌옷을 걷어와 수선해서 되팔고는 그 돈으로 노동자들에게 국수를 말아주었다. 아들 전태일이 생전에 집까지 밤새 걸어가며 차비를 아껴 모은 돈으로 풀빵을 사서 배곯는 미성년 노동자들에게 나눠주었던 것처럼. 그 뒤에 이소선은 노동자들의 권익을 지키는 일에서 민주화운동 전반으로까지 폭넓은 활동을 전개한다. 전국에 흩어진 열사들의 유가족들을 모아 유가협(현재 전국민족민주유가족협의회, 열사들의 유가족들로 구성된 단체)을 만

전태일 열사 묘. 왼쪽 뒤로 이소선 여사의 묘가 보인다.

들기도 했다. 세상 사람들은 이소선을 전태일의 어머니에서 모두의 어머니로 불렀다.

　이소선은 41년을 그렇게 활동하다 2011년 9월, 아들의 곁에 묻혔다. 아마도 이소선이 없었다면 오늘날의 전태일도 없었을 것이다. 이소선의 묘는 큰아들 전태일의 묘 뒤에 있다. 묘비 앞면에는 환히 웃으며 마이크를 잡은 생전의 사진을 새겨넣었다. 뒷면에는 평소 그가 자주 하던 말이 신영복의 글씨로 새겨져 있다.

　옷도 세상도 건물도 자동차도

이 세상 모든 것을 노동자가 만들었습니다

노동자가 세상의 주인 아닙니까

그런데 우리는 하나가 안 되어서

천대받고 멸시받고 항상 뺏기고 살잖아요

이제부터는 하나가 되어 싸우세요

하나가 되세요

하나가 되면 못 할 것이 아무것도 없습니다

태일이 엄마의 간절한 부탁입니다

여러분이 꼭 이루어주세요

— 어머니의 말씀 중에서

전태일의 묘로 올라가기 전, 두 단 아래 맨 끝 자리에 박영진의 묘가 있다. 나는 박영진의 장례식 때 처음 모란공원에 왔다. 그게 1986년 봄이었다. 그해 3월 구로공단 신흥정밀 노동자였던 박영진은 회사에서 투쟁을 하다가 구사대와 경찰에 밀려 올라간 옥상에서 분신을 했다. 그의 시신은 경찰에 의해 탈취당해 벽제 화장터에서 화장되었다. 화장된 유골을 수습해서 이소선이 갖고 있다가 한 달쯤 뒤에 이곳에 안장했다. 그 안장을 막기 위해서 전경들이 이 묘역 일대를 둘러쌌고, 일진일퇴의 투쟁 끝에 힘겹게 이곳에 묘를 만들 수 있었다. 비석 앞면에는 '노동자 박영진'이라고만 썼다. 뒷면에는 "전태일 열사가 못다 이룬 것을 내가 하려고 했는데, 미안하다, 먼저 가서 끝까지 투쟁하라!"고 적었다. 그런데 이 묘에는 그의 아버지 박창호, 그리고 구로공단(지금의 구로디지털단지)에서 같이 활동했던 두 명의 노동자들이 같이 합장되어 있다. 한 묘에 네 명이 함께 잠들어 있는 곳이다.

민주열사 추모비 바로 뒷단 오른편 구석에 송철순의 묘가 있다. 1988년 인천 세창물산에서 파업기금 마련을 위한 연대집회 준비를 위해 공장 지붕에 현수막을 달려고 올라갔던 송철순 당시 사무장은 허술한 슬레이트 지붕이 무너져내리면서 떨어져 사망했다.

추모비 왼편으로 들어가면 배재형의 묘를 만난다. 민주노총 금속노조 하이디스지회 전 지회장 배재형은 2015년 5월 설악산에서 목을 맸다. 대만 자본이 운영하는 회사가 구조조정을 단행했고, 이에 대해 노조는 명예퇴직을 받아들이다가 손배가압류까지 받는 지경에 이르렀다. 이를 괴로워했던 지회장은 그 무게를 견디지 못했던 것으로 보인다. 결국 하이디스 지회는 해산되었다. 그의 묘비에 적힌 유서는 이렇게 시작된다.

千思不如一行
(천 번 생각하는 것이 한 번 행동하는 것만 못하다)

최종범은 삼성전자서비스 비정규직 노동자로 "배고파 못 살겠다"는 유서를 남기고 죽었고, 윤주형은 기아자동차 비정규직 노동자로 다른 사업장의 비정규직 문제까지 연대하며 싸우다가 죽었다. 1970년의 전태일과 1986년의 박영진, 1988년의 송철순과 2015년의 배재형의 죽음, 그리고 그사이에 이루 언급하기조차 힘들 정도로 많은 노동운동가들이 죽었다. 노동자들의 권리를 지키기 위해서 목숨을 걸어야 하는 현실이 이어지고 있다.

노동자들이 위험노동에 내몰려 죽는 일도 끊이지 않았다. 1988년에는 산업재해의 심각성을 우리 사회에 알리는 한 소년의 죽음이 있었다. 열다섯 살에 수은중독으로 죽은 문송면이었다. 가난한 농촌에서 태어난 그는 서울 양평동 온도계 공장에서 근무하다가 수은중독에 걸려 사망했다. 그의 무덤은 추모비에서 직진하여 가장 윗단으로 올라가면 만날 수 있다. 늘 그늘져 있는 그의 무덤은 언제나 쓸쓸하기만 하다.

송철순의 묘를 지나 오른편 끝의 길을 올라가면 처음 만나는 곳에 김봉환의 무덤이 있다. 그는 1977년부터 1983년까지 원진레이온을 다녔는데, 거기서 '이황화탄소중독증'에 걸렸다. 이황화탄소는 매우 독성이 강해서 이에 노출될 경우 목숨이 위태로울 수 있다. 원사를 생산하던 원진레이온에서는 이황화탄소가 작업장 내에 뿌옇게 가득했다. 여기서 작업하던 노동자들 다수가 이 중독증에 걸렸다. 김봉환은 산재 요양을 받아내기 위한 회사와의 싸움 과정에서 사망했다. 가족들과 동료들은 원진레이온의 심각한 직업병 문제를 알리기 위해 157일이나 장례를 치르지 않고 싸웠다. 그 뒤 원진레이온은 폐업했고, 노동자들은 이황화탄소중독증을 인정받았고, 이를 계기로 비영리 공익법인인 녹색병원 등이 만들어졌다. 이 싸움은 산재 추방운동의 획기적인 전환점을 만들었다.

2018년 12월에 태안화력발전소에서 비정규직 노동자로 일하다 죽은 김용균의 무덤이 최근에 전태일의 무덤 근처에 들어섰다. 그의 묘는 평장인데 특이하게 유골함 위를 흙으로 다지고 흰 돌

노동자 김용균의 묘. 자전거를 타고 출근하던 그의 모습을 형상화한 노란색 조형물이 눈에 띤다.

을 깔아서 마감했다. 그리고 그곳에 자전거를 타고 출근하던 그의 모습을 그대로 재현해놓았다. 노란색 옷을 입고 노란 자전거를 타고 가는 김용균. 그의 어머니 김미숙은 산재로 매일 여섯 명의 노동자들이 죽어가는 현실을 보았다. 그는 아들의 장례를 미루고 거리와 국회에서 산업안전보건법의 개정을 위해 싸웠다. 그런 노력의 결과 28년 만에 법 개정을 이룬 뒤에 아들을 이곳에 묻었다. 김용균 이후로 산재로 죽어가는 노동자들의 죽음을 막기 위한 캠페인이 대대적으로 벌어졌다. '사단법인 김용균재단'도 만들어졌다.

그렇지만 지금도 매일 여섯 명이 산업 현장에서 산재로 사망하고, 1년이면 2천 명이 넘는다. 한국의 경제성장은 저임금 장시간 노동과 함께 노동자의 목숨마저 갈아넣고 이루어낸 것이었다.

민주의 길

민주열사묘역에는 민주화운동에 헌신했던 운동가들로 이어지는 길도 있다. 독재 정권에 맞서서 민주주의를 위해 싸웠던 투사들과 운동의 지도자들, 진보정당 운동에 헌신했던 인사들을 만날 수 있다.

묘역 입구에서부터 계훈제-허세욱-이범영-노회찬-오재영-강은기-김근태-김진균-홍성엽-김병곤·박문숙-권중희-박래전-박종철-권희정-문익환·박용길-조용술의 묘를 둘러보는 길이다.

이곳에는 학생운동을 하던 이들도 많이 묻혔다. 그만큼 학생운동이 치열했던 시기가 있었다는 이야기다. 가장 대표적으로는 6월

항쟁의 도화선이 되었던 박종철의 묘가 있고, 1990년대까지 학생 열사들의 죽음이 이어진다. 그러다가 2000년대 넘어서 이곳에 들어오는 학생열사는 보이지 않는다. 민주화가 진행되면서 자신의 목숨을 던지는 결단은 점차 잦아들었다. 대중과 함께하는 민주주의의 길이 열린 것은 아닐까.

특구의 가운데를 올라가다보면 인쇄 노동자 강은기의 묘가 보인다. 민주화운동에 관여했던 이들은 그에게 많은 빚을 졌다. 그는 을지로에서 세진인쇄소를 운영하면서 1970년대 중반부터 위험을 무릅쓰고 박정희, 전두환 정권의 폭정을 알리는 수많은 반정부 유인물을 인쇄했다. 그의 묘비에는 '민주화의 밑거름 영원한 인쇄인'이라고 적혀 있다.

이곳에 정치권 인사로 김근태, 노회찬, 김말룡의 무덤이 있다. 먼저 김근태의 묘는 쉽게 찾을 수 있다. '당신이 옳았습니다'란 나무 안내판을 따라가면 만날 수 있다. 묘비에서는 그를 '민주주의자 김근태'라고 소개한다.

가장 최근에 이곳에 자리 잡은 정치인은 노회찬이다. 그는 2018년 7월에 자살로 생을 마감했다. 그의 묘는 마치 이곳의 중심을 잡는 것처럼 묘역 한가운데에 있다. 그의 죽음 1년 뒤에 세워진 묘비에는 이런 글이 있다.

심장에 새겨 세우며
죽음도 슬픔도 아무것도 어쩌지 못하리니
보라 이루었노라

마석 모란공원 묘역 한가운데 자리 잡은 노회찬의 묘.

그 늠름하게 아름다운 세상

굳세고 미덥고 다정했던 그대 약속

꺼지지 않는 젊은 별빛으로 보시라

　그의 묘에는 사람들이 갖다놓은 꽃다발이 끊이지 않는다. 그
를 그리워하는 사람들의 마음이 읽힌다. 그런데 노회찬의 묘를 지나
한 단 위 끝에 가면 오재영의 묘가 있다. '진보정당의 영원한 조직
가'라 적힌 그의 묘비에는 노회찬의 추모의 말이 새겨져 있다.

님의 청춘은 비록 짧았지만

척박한 이 땅에 님이 뿌린 씨앗은

곳곳에서 수많은 열매로 거듭날 것이며

님이 심은 나무는 머잖아

진보정당의 큰 숲을 이루게 될 것입니다

— 오재영의 영원한 벗 노회찬

두 사람은 진보정당 운동 내내 시작과 성공, 좌절을 함께 한 동지였다. 오재영은 노회찬보다 1년 4개월 먼저 세상을 떠났다. 묘비명을 적은 이가 죽어 다시 근처에 묻혔다. 지난하기만 한 진보정당운동의 한 궤적을 읽어낼 수 있다.

민주화운동, 통일운동의 지도자들도 자리를 잡고 있다. 1970, 1980년대 재야 민주화운동의 지도자 계훈제는 꼬장꼬장한 원칙주의자였다. 늘 흰 고무신과 누런 작업복 같은 허름한 옷을 걸치고 마이크를 잡던 가냘픈 몸매의 선생이 기억난다. 그의 묘는 민주열사 추모비 바로 옆이니 찾아가기 쉽다.

계훈제와 함께 1970, 1980년대를 대표하는 민주화운동 지도자, 통일운동 지도자인 문익환 목사의 묘는 문송면 아랫 단에 위치한다. 구약성서에 정통한 신학자였던 문익환은 전태일의 죽음 뒤 처음으로 사회운동에 등장한다. 약 20년 동안 박정희, 전두환 정권과 싸우는 반독재 민주화운동과 1989년 방북사건을 계기로 통일운동을 이끌어가는 위치에 있었다. 20년 동안 여섯 번 투옥되어 혹독한 감옥살이를 10년이나 했다. 그는 감옥에서 나오면 이곳에 찾아와서

모든 열사들의 묘지마다 찾아다니면서 넙죽넙죽 절을 했다. 처음에
는 목사가 기도를 안 하고 무슨 절을 한단 말인가 의아해하기도 했
지만 그런 시선에는 아랑곳없이 자신보다 나이도 훨씬 어린 젊은
죽음들 앞에 큰절을 올렸다. 문익환의 묘는 그의 아내이자 한평생
든든한 동반자였던 박용길 장로와의 합장묘이다. 문익환은 세상을
뜰 때까지 유가협의 후원회장을 맡았다. 자식을 앞세운 유가족들의
가장 든든한 벗이었다.

　　문익환 건너편으로는 김진균의 묘가 있다. 서울대학교 사회학
과 교수였던 그는 1979년 크리스챤 아카데미 사건을 겪고, 1980년
광주학살을 겪으면서 교수운동, 나아가 한국 진보운동의 중심 인물
이 된다. 사회학자로서는 '한국산업사회연구회(지금의 한국산업사회학
회)'를 결성하여 진보적인 학자들을 길러냈고, '민주화를 위한 전국
교수협의회(민교협)'를 결성했다. 정보인권에도 남보다 먼저 착안하
여 진보네트워크도 만드는 등 진보적인 사회운동단체들의 결성과
운영에도 적극적이었다.

　　문익환이 앞에 나서서 발언하고 운동을 주도적으로 이끌어가
는 지도자였다면, 김진균은 든든한 뒷배가 되어주던 선배이자 지식
인의 역할을 더 선호했던 것 같다. 두 사람은 키도 크고 풍채도 좋았
다. 무엇보다 두 사람은 서로 입장은 달랐을지 몰라도 너른 품을 가
졌다는 공통점이 있다.

　　김진균 옆에는 홍성엽의 무덤이 있다. 1979년 10월 26일, 박
정희가 김재규의 총을 맞고 사망했는데, 그런 뒤에 계엄이 선포되
고 유신헌법에 따라 최규하 국무총리를 간접선거를 통해 대통령으

로 세우려는 시도가 있었다. 민주인사들은 그에 반대해 유신헌법을 폐지하고 직접선거에 의한 대통령 선출을 주장하는 시위를 하려고 했다. 그렇지만 계엄하에서 대규모 시위를 하는 것이 부담스러웠고, 그래서 11월 24일 명동 YWCA에서 결혼식을 하는 것처럼 위장하고 시위를 벌였다. 그때 신랑의 역할을 맡았던 사람이 연세대학교 복학생 홍성엽이었다. 신랑 입장과 동시에 유인물이 뿌려지고 선언문이 낭독되었다. 그렇지만 낌새를 챈 보안사 요원들과 경찰들에 의해 참석자들은 연행되었고, 홍성엽도 보안사에서 심한 고문을 당했다. 그러고 나서도 민주화운동을 계속하다가 6월항쟁 후 사회운동을 접었다. 그런 뒤 백혈병을 앓고 투병을 하다가 2005년에 사망했다. 그의 비석에는 '민주주의와 결혼한 영원한 청년'이라고 그를 기리고 있다.

그리고 민주열사 추모비 뒤편에 허세욱의 묘와 『전태일 평전』의 저자로 유명한 조영래의 무덤도 있다. 조영래 변호사는 오늘의 '민주사회를 위한 변호사 모임(민변)'을 만들었다. 그렇지만 무덤에는 한자로 '조영래지묘'라는 다섯 글자만 쓰여 있다. 비석에는 그 외에 아무것도 없다. 아직 쓸 말을 못 찾은 것일까. 아직 그가 이루려던 세상이 만들어지지 못한 탓일까.

인권의 길

모란공원 민주열사묘역에는 독재 권력에 의해 목숨을 잃은 이들도 찾아볼 수 있다. 하나같이 당시 우리 사회 인권현실과 연결되어 있는 죽음들이다.

아래로부터 박태순-박종필-김용갑-장현구-우동면-전용철-정태수-조만조-최종길-이덕인-박종철-한희철-우종원-김성수-김상원-조영래-안치웅-용산 참사 철거민 다섯 명-서경순-남현진-권재혁-허원근으로 이어지는 길이다.

안치웅은 1982년 서울대학교 무역학과에 입학한 뒤 학생운동과 노동운동에 투신했다. 노동운동으로 1년간 수형생활을 하기도 했다. 대학 졸업 뒤에도 활동을 계속했으나, 1988년 5월 26일, 평소처럼 외출을 한 뒤 그의 행적이 묘연하다. 그 행방불명 사건의 진상은 아직 밝혀지지 않았고, 그의 시신도 찾지 못한 채로 초혼장招魂葬(시신이나 유골이 없는 경우 대신 고인의 유품을 묻고 혼을 불러내 치르는 장례 의식)으로 용산 참사 때 세상을 떠난 다섯 명의 묘들 옆에 산소를 마련했다.

서울대생 최우혁의 묘는 경기도 금천에서 이장해서 김진균의 묘 옆에 자리를 잡고 있다. 그의 부모는 아들을 등 떠밀어서 군에 보냈다. 학교에 있으면 데모나 하고 제적당하고 감옥에 갈 것을 걱정해서였다. 최우혁은 군에 가면 죽는다면서 항변했지만 부모의 강요를 이겨낼 수 없었다. 어떤 예감이 있었을까. 그는 군에서 의문의 죽음을 당했다. 그렇게 자식을 떠나보내고 정신줄을 놓아버린 어머니는 한강에 몸을 던졌다. 그의 부모 최봉규, 강연임 부부의 무덤이 건너편에 있다.

우종원과 김성수, 한희철의 묘는 모두 특구의 오른쪽 맨 위에

노동자 김상원의 묘. 다른 묘들과 달리 그의 묘에는 작은 비석 하나만 세워져 있다.

김경숙, 홍근수 목사의 묘 뒤편 몇 계단 위로 들어서면 있다. 자칫 지나치기 쉬운 곳이다. 우종원은 수배 중에 경부선 영동-황간 철로 변에서 변사체로 발견되었는데, 아직 어떤 연유로 죽었는지 단서조차 찾지 못하고 있다. 김성수는 누나와 살던 신림동 자취방에서 전화를 받고 나갔다가 3일 뒤 부산 송도 앞바다에서 돌덩이를 매단 익사체로 발견되었다. 하지만 그 역시 마찬가지로 누가 전화를 해서 불러냈고, 무슨 연유로 죽었는지 모른다. 한희철은 군에서 자살했지만 그의 자살에는 당시의 강압적인 '녹화사업'이 영향을 미쳤음이 밝혀졌다.

    의문사한 사람들 중에 가장 먼저 이곳에 온 사람은 최종길이다. 그는 서울대 법대학장 시절 중앙정보부에 가서 조사를 받던 중에 사망했다. 그 일이 1973년 10월이었다. 동백림 간첩 사건과 연루되었다고 하지만 이후 의문사진상규명위원회 진상조사 과정에서 고문 중에 사망한 사실이 밝혀져 국가배상을 받았다.

    의문사한 이들 중에 아마도 가장 먼저 진실이 밝혀진 경우가 김상원일 것이다. 1986년 사건이다. 경찰폭력에 의해서 35일간 식물인간으로 있다가 맞은 억울한 죽음을 지금은 서울시장이 된 박원순 변호사의 도움을 받아서 재정신청을 끌어냈고 결국 승소했다. 그의 동생 김상모의 끈질긴 추적의 결과였다. 그의 묫자리에는 묘는 없고 그 일을 기억하기 위해 작은 비석 하나 세워놓았다.

    권재혁의 죽음은 사형제도의 문제를 돌아보게 한다. 권재혁은 중앙정보부가 조작한 '남조선해방전략당 사건'의 피해자였다. 형 확정 42일 만인 1969년 11월 4일 서대문구치소에서 사형이 집행되어 사망했다. 민주화운동 관련자로는 처음으로 이곳 모란공원에 묻혔다. 그 뒤 45년이 지나서 2014년 재심을 통해 대법원에서 무죄가 확정되었지만 그는 이미 이 세상 사람이 아니다. 법원이 정치 권력으로부터 독립되지 못하고 정치 권력의 시녀로 굴종하고 있던 시절에 이런 오심들이 있었고, 그때 사형당한 정치범들도 꽤 있다.

    납골당에 안치되어 있는 허원근은 대표적인 군 의문사 사건의 당사자다. 1984년 4월 화천의 전방 철책부대에서 근무했던 그는 오른쪽 가슴, 왼쪽 가슴, 머리에 차례로 M16 총을 쏘아서 자살했다고 알려졌다. 여러 번의 조사 과정이 있었지만 아직도 명확하게 진실이 규명되지 않았다. 그의 아버지 허영춘은 진상이 밝혀질 때까지 아들의 무덤을 만들 수 없다며 이곳에 안치해두고 있다.

현대사의 결정적인 순간을 만들어낸 죽음들도 있다. 가발 수출업체였던 YH무역이 1979년 8월 6일, 일방적으로 폐업을 하자 노동조합원 187명이 8월 9일 마포 신민당사에서 농성에 들어갔다. 농성 3일째인 8월 11일 새벽에 박정희 정권은 경찰 2천 명을 동원하여 노조원을 강제해산했다. 이 과정에서 22세의 여성노동자 김경숙이 옥상에서 추락해서 사망했다. 이 사건 이후 신민당은 당사에서 무기한 농성에 들어갔고, 10월 4일, 여당인 공화당이 국회에서 김영삼 신민당 총재를 의원 제명했다. 이에 항의하는 부산, 마산 시민들은 10월 16일부터 일주일간 항쟁을 벌인다(부마항쟁). 열흘 뒤 10월 26일, 박정희는 김재규의 총에 사망한다. YH 노동자들이 농성에 들어간 지 석 달도 채 되지 않았을 때였다. 김경숙의 묘비 뒷면에는 묘비 건립위원 명단이 있는데, 거기에 김영삼 전 대통령의 이름을 사람들이 돌로 찢어놓았다. 1990년, 3당 합당으로 노태우, 김종필 세력과 손잡은 일에 대한 분노일 것이다.

전태일의 묘 위쪽 산등성이 끝에 박종철의 묘가 있다. 그의 묘도 초혼장이다. 묘비에는 백우 스님이 쓴 추모 글이 신영복 선생의 글씨로 새겨져 있다. 그의 죽음은 1987년 6월항쟁의 도화선이 되었다. 경찰은 직후에 박종철의 시신을 화장해버렸다. 부산시 수도국의 공무원이었던 아버지 박정기는 얼음 언 임진강에 아들의 유골을 뿌리며 "철아, 잘 가그래이, 이 애비는 아무 할 말이 없데이" 하고 울었다. 박종철의 죽음과 그 죽음을 은폐하려던 전두환 정권의

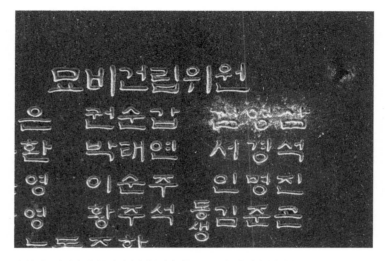
김경숙의 묘비 뒷면. 사람들이 김영삼 대통령의 이름을 돌로 찧은 흔적이 남아 있다.

폭정에 항의하는 시민들은 1987년 6월 전국에서 시위를 이어갔고, 결국은 노태우의 6·29선언으로 전두환 독재 정권은 막을 내렸다. 하지만 박정기는 아들의 무덤 하나 만들지 못한 것이 못내 한이 되었다. 다른 이의 추모식이 있을 때마다 남 몰래 울던 그 아버지는 1989년 3월 3일에 초혼을 해서 여기에 무덤을 썼다. 아들이 죽은 뒤 투사가 되었던 아버지는 2018년 8월 아들의 곁에 누웠다.

2009년 용산의 불타는 망루에서 죽어서 내려와야 했던 용산 참사 철거민 다섯 명의 묘도 있다. 이상림, 양회성, 한대성, 이성수, 윤용현. 이들은 355일 만에 장례를 치렀다. 용산 참사 해결을 위한 대책기구의 집행위원장으로 수배 중이던 나는 장례에 참석하고 경

이상림, 양회성, 한대성, 이성수, 윤용현, 용산참사 철거민 다섯 명의 모습을 형상화한 조형물.

찰에 출두하고 싶었다. 그렇지만 끝내 좌절당했다. 2010년 1월 9일, 장례 행렬이 명동성당을 들렀다. 서러운 장례식. 눈발이 오지게도 내렸다. 나는 장례 이틀 뒤에 자진 출두했다가 서울구치소에서 3개월여를 지냈고, 그 뒤에 보석으로 나와서야 이들의 묘지 앞에서 절을 올릴 수 있었다.

그들이 이루려던 세상

노동과 민주와 인권의 길은 각기 다른 길이 아니고, 한국현대사에서 서로 만나 하나로 합쳐지는 길이다. 일례로, 박종철을 민주화운동 속에서만 생각할 수 없다. 고문이란 문제에서 보면 누구보다 인권과 관련 있는 죽음이다. 문익환도 그렇다. 그에게 인권과 민주주의는 분리되지 않았고, 그에게 노동은 민주주의와 인권의 중요한 요소였다. 비정규직 노동의 문제는 1987년 이후 우리 사회의 민주주의가 노동 배제의 잘못된 길로 접어들었음을 보여준다. 비정규직 노동자만이 아니라 사회적 약자들의 경제적·사회적 권리까지 발전하는 민주주의여야 제대로 된 민주주의가 아닐까. 그러니 인위적인 세 갈래의 길에 너무 연연하지 않았으면 좋겠다.

누구는 이곳에서 진보운동의 역사를 읽어낼 것이고, 누구는 치열했던 민주화운동의 과정을 볼 것이고, 누구는 급진적인 노동운동을 볼 것이다. 그러다가 그들 대부분 너무 젊을 때 죽어서 안타까울 것이고, 그러다가 왜 죽을 때까지 싸웠을까 고민할지도 모른다. 그냥 그렇게 각기 다른 이유와 모습으로 이곳에서 그들과 대화를 나누면 될 일이다. 당신의 꿈은 무엇이었는지, 왜 세상을 바꾸고 싶어했는지, 어떤 정파에 속하든, 무슨 호칭으로 불리든, 이루려던 세상이 무엇인지 이곳에 묻힌 이들에게 말을 걸어보자. 그러면 한 명 한 명의 죽음이 아니라 한 명 한 명의 생애가 우리에게 다가올 것이다.

나는 30여 년 전 동생을 잃었다. 그는 '광주학살 원흉처단'을 외치며 자신의 몸에 불을 붙였다. 숯덩이가 되어버린 동생의 몸. 분신 이틀 만에 결국 호흡기를 떼어내야 했다. 그때 내 나이가 스물여덟, 동생 나이는 겨우 스물여섯이었다. 나는 죽음을 알기에는 너무 젊었다. 동생을 이곳 모란공원에 묻으면서 약속했다. 네 몫까지 싸

박래전 열사의 묘.

워 민중이 주인 되는 새 세상을 만들겠다고. 그렇게 나는 동생과의
약속을 잊지 않으려고 지금껏 인권운동의 현장에 남아 있는 것인지
모른다. 하지만 아직 그 약속을 치키지 못했다.

　　매년 이곳에서 동생의 추모식을 치러왔다. 오직 한 번, 2009
년 용산 참사로 수배 중이었을 때만 챙기지 못했다. 한 해에도 추
모식이며, 장례식으로 열 번 이상은 오게 되는 곳. 그래서인지 친숙
한 이곳에 오면 나는 죽음을 생각한다. 나도 죽는 날까지 잘 살아갈
수 있을까. 세상을 변화시키겠다는 그 꿈을 배신하지 않고, 동생 몫

까지 싸우겠다는 약속을 저버리지 않고 나는 마지막까지 살아갈 수 있을까. 사람은 누구나 죽는다. 그 죽음을 어떻게 맞을 것인가. 마석 모란공원 민주열사묘역에서 나는 수없이 이 질문을 스스로에게 던졌다.

내 동생 박래전은 시인이기도 했다. 동생은 유고시를 남겼는데, 그중 대표작은 「동화冬花」다. 그 시의 2연을 묘비 앞에 적어놓았다.

겨울꽃이 되어버린 지금
피기도 전에 시들지도 모릅니다
그러나 진정한 향기를 위해
내 이름은 冬花라고 합니다
세찬 눈보라만이 몰아치는
당신들의 나라에서
그래도 봄을 비틀며 피어나는 꽃입니다

— 박래전, 「동화」 중에서

그런데 마지막 행의 '봄'은 원래 '몸'이다. 묘비를 만드는 과정에서 오기가 된 것이다. 그걸 처음부터 발견했다. 그런데도 고치지 않고 30여 년을 지냈다. 사람들은 이 시를 어떻게 읽을지 궁금하다. 몸을 비틀면서 만들려는 봄. 몸과 봄은 멀리 떨어지지 않았다. 겨울꽃이 되어서도 우리가 사는 세상에 향기로운 꽃 피우고자 몸을 비틀며 간절히 염원한 사람들이 모인 곳이 모란공원 민주열사묘역이다.

세월호 참사 현장

다르게
흐르는
시간들

목포신항 세월호 선체, 박제된 시간

세월호를 보기 위해서는 목포로 가야 한다. 서울역서 목포역까지 두 시간 반 KTX로 가서 목포역 버스정류장에서 13번이나 6번 버스를 타야 한다. 예전에는 한 시간에 서너 번씩 버스가 다녔지만, 요즘은 드물게 있어서 시간을 확인해야 한다. 자동차로는 목포역에서 목포 신항까지 20분 남짓 걸린다. 차가 목포북항 입구 사거리를 거쳐서 목포대교를 넘어서면 목포신항이 내려다보이고, 항만 끝에, 곧 바다 로 들어갈 것 같은 위치에 거치된 세월호가 시야에 들어온다.

지난 2019년 7월 24일, 세월호가 세워지고 나서 두번째로 선 체 안에 들어가보았다. 무더위가 한창이었고, 바다의 습기까지 더해 져서 끈적끈적하기까지 했다. 그날도 목포역에서 차를 렌트해서 일 행과 함께 목포대교를 넘어가는데 세월호가 보이자마자 가슴 한편 에 통증이 왔다. 옆에서 눈치 못 채게 자꾸 깊은 한숨을 뱉어냈다.

빛바랜 노란리본들이 세월호 거치 현장으로 가는 입구 철조망 에 걸려 있다. 세월호가 인양되어 목포신항에 들어오던 2017년 3월 31일, 밤차를 타고 내려온 세월호 유가족들이 노란리본을 매달기 시작했고, 이후 이곳을 찾아온 사람들이 동참했다. 바람에 나부끼는 노란리본들에서 아우성 소리가 들린다. 바람이 심한 날이면 유독 "우리 좀 살려줘요"라고 말하는 것 같다. 항만으로 들어가는 입구 좌우에 단원고 아이들의 생전 해맑았던 사진들이 반별로 나눠져 있다. 그리고 그 옆에는 아직도 돌아오지 못한 미수습자 다섯 명의 사진도 걸려 있다. 세월호를 인양한 뒤 뻘을 걷어내고, 샅샅이 수색했어도 이들 다섯 사람의 유골 하나 찾지 못했다. 단원고 학생 남현철, 박영인, 단원고 교사 양승진, 일반인 승객 권재근, 권혁규. 혁규는 권재근 씨의 일곱 살 아들이다. 다섯 살 여동생에게 조끼를 벗어주고 자신은 구조되지 못한 아이다.

시간이 많이 지났지만, 사람들은 여전히 이곳을 잊지 못하고 찾는다. 눈물짓고 돌아서는 이들도 드물지 않다. 일반 관람객은 녹색 펜스가 쳐진 곳, 그러니까 세월호에서 200미터 정도 떨어진 곳에서 세월호를 볼 수 있다. 그 안으로는 못 들어간다. 세월호에 대한 조사 작업이 완료되지 않았고, 세월호에서 잘라내고 떼어낸 녹슨 철 구조물들이 쌓여 있는 등 여러 안전 문제가 있기 때문이다.

나는 이곳에서 '특수관계인' 신분이다. 4·16재단의 운영위원장이고, 올 초까지는 4·16연대의 공동대표를 맡고 있었다. 일찍 사회적참사 특별조사위원회(가습기살균제 사건과 4·16세월호 참사의 진상규명과 안전사회 대책, 피해자 지원을 위해 2018년 구성된 한시적 국가조사기구)에 양해를 구해놓아서 위원회의 현지 조사관들이 동행했다. 안전모를 쓰고, 안내를 받으면서 세월호로 접근한다. 인양 준비 과정과 미수습자 수습을 위해서 떼어낸 거대한 철판들이 바닥 좌우에 가득 널려

목포항에 인양된 세월호 선체.

있다. 녹슬고 찌그러진 트럭들도 보이고, 배에서 떼어낸 연돌煙突(배의 굴뚝)도 보인다. 마치 폐차장 같다. 세월호의 화물칸에서 빼낸 자동차들은 이곳에서 1킬로미터 떨어진 석탄 부두에 옮겨져 있다.

예전에 보지 못했던 시커멓고 긴 부대가 보였다. 조사관에게 물어보니 세월호에서 빼냈던 뻘이란다. 이것도 이후에 전시할 때 활용하려고 방부처리해서 보존하고 있다고 했다. 배에서 나온 유품들 일부는 가족들이 가져가 기억저장소에서 보관하고 있고, 일부는 이곳 컨테이너 박스에도 있다.

세월호 앞에 선다. 받침대 위에 22미터 높이, 150미터 길이의 거대한 여객선이 놓여 있다. 목포대교 방향이 선미다. 항만 끝에 세워진 배. 정면에 보이는 부분은 시뻘건 녹이 4분의 3 정도를 덮고 있다. 3년 동안 바다 밑에 가라앉아서 뻘에 묻혀 있던 탓이다. 배는 처참하다. 곳곳에 크고 작은 구멍들이 보인다. 인양 작업을 한다고 뚫고, 수색 작업을 한다고 잘라내서. 선수 쪽으로 깊게 파인 자국은 인양할 때 걸었던 와이어가 선체를 파고든 흔적이다. 일행 중 한 명이 실제로 처음 본 배의 크기에, 참사의 규모에 압도된 눈치다. 수십 층짜리 건물 하나가 바다 아래 가라앉았다 건져져서 이렇게 쓰러져 있다는 게 실감이 나지 않는다고 했다. 내 눈에는 고철 덩어리 세월호가 깊은 상처를 입고 누워 있는 고래처럼 보였다.

선수 끝 위에 'SEWOL'이란 글자가 선명하게 보인다. '세상을 초월한다'는 의미로 배의 이름을 지었다고 하는데, 그 앞에 서면 세월世越이 세월歲月 같다. 녹슨 쇳조각들이 후두둑 떨어지기도 하고 바람에 날리기도 한다. 배는 날이 갈수록 더 심하게 낡아가는 듯하다.

위: 녹슬어 폐허가 된 세월호 내부. 로비 중앙에 객실로 올라가는 계단이 보인다.
아래: 객실 풍경. 벽들은 다 뜯어지고 바닥에 흔적만 남았다.

좌현 뒤편에 선실로 올라가는 철제 계단이 있다. 그곳을 지나 먼저 닿는 곳은 2층 화물칸이다. 텅 빈 화물칸. 처음 세월호 내부를 보았을 때 여기저기 찌그러지고 부서진 차들이 뒤엉켜 있었다. 그것들을 배의 우현과 선미 부분을 잘라내서 통로를 만든 뒤에 크레인으로 끌어냈다. 그래서 우현은 제대로 남아 있는 곳이 없이 큰 사각형 구멍들이 뻥뻥 뚫렸다.

화물칸 앞쪽 천장에서 바닥으로 긴 쇠줄이 늘어져 있다. 언론 탐사보도 팀이 침몰 각도를 쟀던 그 줄이다. 급격하게 한순간에 기울어져버린 배. 불량한 고박(화물을 지지대에 밧줄 등으로 묶어서 고정시키는 것) 탓일까, 차들이 굉음을 내면서 튕겨져나가는 모습은 복원된 블랙박스 영상으로 확인한 적이 있다. 휑한 게 고요하기까지한 이곳 바닥에는 군데군데 빗물이 고여 있다. 우현 쪽으로 신항 앞의 바다가 훤히 내다보인다.

3층과 4층은 객실이다. 3층은 앞쪽으로는 일반인 승객들의 객실이 있고, 뒤편 선미 쪽으로는 운전자들이 묵었던 객실이 있다. 식당과 로비와 안내 데스크도 있었다. 3층에는 전깃줄들이 천장에 늘어서 있고, 벽들은 뜯겨져 있었다. 철재로 된 부분을 제외하고는 온전한 형태로 남아 있는 게 거의 없다. 고철로 된 동굴 속에 들어와 있는 것 같다.

3층 로비 중앙의 계단으로 올라가면 4층이다. 단원고 남학생들 객실이 앞쪽에, 여학생들 객실이 뒤쪽에 있다. 객실의 방을 나누던 벽들은 철거되었다. 학생들이 묵었던 객실은 큰 온돌방이었다. 단원고 학생들은 여기서 아침을 맞았다. 그런데 갑자기 배가 급격하게 기울면서 냉장고며 수납장이며 나뒹굴었고, 몸도 좌측으로 급격히 미끄러져내렸다. 학생들은 구명조끼를 입고 "가만히 있으라"는 안내방송과 선생님의 지시에 따라 대기했다. 학생들이 남긴 휴대폰 동영상들을 보면, 그들은 그 위험한 순간에도 선생님을 믿고, 친구들을 믿고, 선장과 선원을 믿고, 곧 구조하러 올 해경을 믿었다. 그리고 가족들이나 친구들에게 메시지를 남겼다. 사랑해, 미안해, 그리고 먼저 간다는 그런 말들이다. 잠수사들이 들어가 시신을 수습할 때 그들은 서로를 꼭 끌어안고 있었다고 했다. 마지막 순간 기댈 수 있는 건 그 순간 함께 있는 사람이었을 것이다. 객실에 들어서는데 그 모습이 자꾸 눈에 그려져 괴로웠다.

4층 객실에서 신항 쪽을 내다본다. 밖이 훤히 보인다. 밖에서 해경들이 도착한 것도, 탈출한 사람들을 헬기로 끌어올리는 것도 창을 통해 목격하지 않았을까 싶었는데, 생각해보니 그럴 수 없었다. 내가 내다보는 이곳은 좌현이다. 사고 당시 배는 급격하게 좌현 방향으로 기울었다. 그곳부터 물이 차올랐으니, 황급하게 이곳을 떠나 우현 방향으로 올라갔을 것이다. 쳐들어오는 바닷물을 피해서 위로, 위로 올라가다가 막혔을 것이다. 실제로 먼저 침수된 좌현 쪽 승객들이 더 많이 희생됐다.

배가 침몰할 때 우현은 하늘 방향으로 향해 있었다. 지금 다 뜯기고 잘려나간 창, 그 창을 얼마나 두드렸을까. 멍이 든 팔이며, 새까만 손톱은 훌렁 벗겨져 있었다. 필사의 탈출을 한 흔적들을 그들은 몸 전체에 남겼다. 죽음의 주술 같은 가만히 있으라, 가만히 있으라는 방송 멘트가 자꾸만 귀에 들리는 것 같다.

좁은 철계단을 올라가면 5층이다. 맨 앞쪽이 조타실이다. 조타실의 장치들도 모두 녹슬어 있다. 거기서 갑판 방향으로 가기 위해서는 4층과 3층의 계단을 내려가야 한다. 안의 중앙 홀 방향으로도 갈 수 있지만, 필경 저들은 밖으로 이어진 좁은 철계단을 이용했겠지. 그리고 자신들만 해경 구조정에 올라탔고, 자신들만 살아남을 수 있었겠지. 승객들을 바닷물이 차오르는 배 안에 둔 채로 말이다. 조타실 바로 옆에 보이는 수많은 단추들. 위급상황이 있을 때 저 단추들이라도 눌렀으면 수밀문도 닫히고 배가 좀 더 서서히 가라앉았을 텐데. 그러면 돌아올 수 있었던 이들은 더 많았을 텐데. 선장과 조타실과 기관실 승무원들은 먼저 탈출했으니, 제대로 펼쳐지지도 않았던 구명뗏목처럼 아무 쓸모없는 상상이다.

연돌이 있었던 5층 지붕 위로도 올라가본다. 5층을 덮고 있던 지붕은 찌그러져서 5층 아래로 넘어가 있다. "여기서 불꽃놀이를 했던가요?" 일행이 어디선가 봤던 기사 내용을 기억했다. 그랬다. 그 밤에 불꽃놀이 이벤트가 있었다.

2층 화물칸으로 내려와 밖으로 나가면 선수다. 거기에 앵커(닻)가 좌우 양쪽 바퀴에 가지런히 감겨 있다. 누군가 앵커를 풀어서 암초에 걸어 침몰시켰다고 하는데, 그런 흔적은 찾을 수 없다. 누구는 외부에서 강한 충격이 있었다고도 한다. 증거로 확인될 때까지는 모두 가설일 뿐이다. 조사관은 여러 가지 복합적인 흔적들이 확인되고 있다고 하고, 그래서 어느 것으로 단정하기 어렵다고 한다.

배 안에 오래 있기가 힘들었다. 실제 공간에 들어서니 단편적으로 듣고 알고 있던 사실들이 꿰맞춰져 끔찍할 만큼 생생하게 머

릿속에서 재현이 되었다. 이 방에 묵었던 사람들이 떠오르고, 여기서 아이들이 노래를 부르며 놀고 있던 모습, 중앙 로비의 매점에 다녀오던 모습도 기억이 났다. 그들이 어떻게 마지막 순간을 맞았을지까지 상상이 되자, 다리에 힘이 풀리는 것 같았다. 이것은 너무나도 '현실'이었다. 박제된 세월호 안의 시간은 멈춰 있기보다는 자꾸 그때 그 순간으로 돌아간다.

세월호는 여전히 목포신항에 있다. 바다에서 건져올린 이 거대한 무덤은 아직 우리에게 해줄 말이 많은 것 같다.

진도 팽목항, 멈춰버린 시간

6년의 시간이 흘렀고, 많은 사람이 다시 자신의 자리로 돌아갔다. 돌아갈 곳을 잃은 사람들만 그러지 못했다. 자신의 자리로 돌아간 사람과 그러지 못한 사람의 시간이 잔인하게 다르다.

진도는 서울에서 자동차로 다섯 시간 넘게 걸리는 곳이다. 세월호 참사에서 가장 많은 피해자가 발생한 단원고 학생들이 대부분 살던 안산에서도 네 시간 이상 잡아야 한다.

침몰 해역인 맹골수도에 처음 갔을 때는 1주기를 앞둔 2015년 4월 14일이었다. 나는 그때 추모주간을 앞두고 단식농성을 하고 있었다. 9일차를 맞은 단식으로 기운은 없었지만 세월호참사국민대책회의를 대표하여 유가족들과 함께하기로 했다. 간간이 빗방울도 뿌려서 불안함을 안고 배를 탔다. 현장에 가기 전부터 목울대는 뜨거

아직도 시간이 멈춰 있는 듯한 팽목항.

워지고 가슴이 막혀왔다. 팽목항에서 한 시간 반을 달리니 침몰 현장이 가까워졌다. 그곳은 여느 해역의 바닷물과 달라서 알아볼 수 있었다. 남해의 맑고 푸른 그런 바닷물이 아니라 잿빛이라서 바다 안은 전혀 들여다보이지 않는다. 해류가 세기로는 진도 울돌목 다음이라는 맹골수도다.

　　유가족들이 술렁이더니 이내 배에 울음들이 차올랐다. 배가 침몰 현장을 선회한다. 노란색 부표만 떠 있다. 엄마들은 그곳에 국화꽃들을 던지면서 곧 바다로 뛰어들 듯한 태세로 울부짖었다. 당시 미수습자 가족들의 오열은 더욱 거셌다. 갑판 한구석에 국화 한 송이를 손에 쥐고 앉아서 허공을 응시하고 있는 여학생을 보았다. 동생을 잃은 언니였다. 그는 울지도 못하고 있었다. 아마도 울음을 참고 있었는지도 모른다. 평소 알고 지내던 이였지만 감히 말을 걸지 못하다 '괜찮아?' 하고 눈빛만 건넸다. 시선을 피하는 그 눈빛. 배는 선수와 선미를 표시한 노란 부표 주위를 몇 바퀴 돌고는 다시 팽목항으로 향했다.

세월호 이전에도 침몰한 여객선을 인양한 적은 있었지만 미수습자를 철저하게 수색한 것은 세월호가 처음이었다. 이번에도 기무사령부는 청와대에 '수장水葬(물에 가라앉혀버리는 것)'을 건의했다. 사건을 영원히 미궁 속에 빠뜨리려고 했다. 하지만 국민들의 거센 항의 속에서 세월호 1주기 때인 2015년 4월 16일 인양이 결정되었고, 그에 따라 인양 업체인 중국 상하이샐비지와 계약을 체결하고 인양 작업에 들어갔다. 그러나 기대와 달리 차일피일 시간만 흘러갔고, 작업 방식이 잘못되어 배가 훼손되었다.

초기부터 세월호 인양이 아니라 증거 훼손 작업을 수중에서 한다는 의혹을 가진 유가족들은 그 작업을 감시하기로 했다. 열흘 뒤에 동거차도 바닷가에 4·16가족협의회 인양분과장 동수 아빠 정성욱 씨가 2인용 텐트를 쳤다. 그게 시작이었다. 동거차도는 침몰 현장에서 가장 가까운 섬이다. 그래서 참사 당일 어민들이 어선을 끌고 나와서 구조에 동참하기도 했다. 마침 그 섬에는 침몰 현장이 잘 내려다보이는 산마루가 있었다. 그곳에서 유가족들은 교대로 일주일씩 감시했다. 감시초소가 생긴 것이다. 망원렌즈를 들고 24시간 감시하는 게 쉽지는 않았다. 동거차도 산마루에서 침몰 현장까지 직선거리 겨우 3킬로미터. 아이들이 바다로 뛰어들었다면, 수영을 못해도 구명조끼만 입었다면, 구조될 수 있었을 거라는 확신이 드는 현장. 유가족들은 '진실호'라는 배를 구입해서 현장을 수시로 드나들면서 감시도 했다. 그들에게 동거차도 주민들은 집도 내주고 먹을 것, 마실 것을 나눠주었다. 참사 때문에 어민들의 생업에 피해를 입었음에도 불구하고, 그들은 유가족들에게 선뜻 손을 내밀어주었다.

동거차도 감시초소는 2018년 9월 초에 유가족과 시민들이 정리했다. 세월호가 인양되어 목포신항에 거치된 뒤 1년 반이나 지나서였다. 산마루에 있던 텐트를 철거하고 대신 그 자리에 돌무더기를 쌓아 노란리본을 만들었다. 그곳이 지독한 기다림의 장소였다는 표지만 남았다.

2019년 12월 31일, 버스를 타고 다시 팽목항에 내려왔다. 팽목항은 세월호 참사 직후에 중요한 곳이었다. 해가 바뀌는 자정을 앞두고 진도 주민들과 서울에서 내려온 유가족들과 시민들이 해넘이 행사를 가졌다. 행사가 진행되는 중에 빠져나와 밤길을 걸어 등대로 향했다. 희미한 불빛 속에서 방파제 난간에 걸린 노란 깃발들이 아우성쳤다. 깃발은 거센 바닷바람에 한 올씩 풀려져 어떤 것은 반쪽만 남아 있었다. 비원을 담은 그 깃발에 어떤 문구가 쓰여 있는지 이제는 보지 않고도 안다. "잊지 않겠습니다"의 "겠습니다"는 바람이 잡아먹었다. 노란색 리본이 가운데 박힌 붉은 등대, 그 위에서 붉은 불빛이 느리게 점멸했다. 방파제 난간 사이사이에 아이들이 좋아하는 음식들이 놓였던 때도 있었고, 평소 아이들이 갖고 싶었던 축구화며, 기타가 놓여 있었던 때가 있었다. 시간이 흘러 이제 그

진도 팽목항에 있는 팽목 기억관. 컨테이너 건물의 기억관을 단원고 학생 우재 아빠 고영환 씨가 지키고 있다.

런 것은 없었지만 기억은 남았다. 어둠 속에서 해는 2020년으로 바뀌었다.

진도군은 팽목항을 진도항으로 바꾸어 부른다. 그리고 지금은 세월호 참사로 멈추었던 진도항 개발 작업을 서두르고 있다. 미수습자 장례도 끝나고, 이곳에 있던 텐트며 가건물들은 철거되었다. 여기 머물던 미수습자 가족들은 2017년 3월말 세월호가 인양되어 거치된 목포로 옮겨갔다. 이곳은 사람들에게 잊혀가는 장소가 되었다.

그런데도 그곳을 지키는 사람이 있다. 단원고 학생 우재 아빠 고영환 씨다. 그곳에 컨테이너 기억관을 유지하고 아주 드물게 찾아오는 이들을 맞는다. "나라도 지키지 않으면 여기 흔적도 없이 사라질 거 아니냐"는 그를 그곳에 가면 만날 수 있다. 팽목항을 잊지 못하는 사람들, 진도와 광주전남 지역의 시민들은 지금도 여전히 매달 마지막주 토요일 이곳에 모여서 세월호를 기억하는 문화제를 어김없이 갖는다. 그들은 팽목항이 세월호 참사와 관련이 있는 어떤 장소보다 중요하다고 생각한다. 시신이 수습되어 도착했던 곳이었고, 미수습자 가족들이 목포신항으로 옮겨가기 전까지 머물렀던 곳이기 때문이다. 그래서 그들은 정부와 진도군에 팽목항에 세월호 참사를 기억하기 위한 기록관을 만들어줄 것을 요구하고 있다.

이에 대해서 정부 부처나 전라남도는 요구를 수용하겠다는 입장이지만 진도군은 완강하게 반대하고 있다. 기림비나 작은 공원이면 몰라도 기록관까지는 무리라는 것이다. 대신 진도군은 팽목항에서 서망항 가는 길 왼편 산에 들어설 국민안전체험관 안에 세월호 참사를 기억하는 전시관과 교육 공간 등을 만들 것이라 한다. 국민안전체험관이란 "세월호 참사의 교훈을 되새기면서 안전한 나라를 만들 수 있도록 안전체험교육을 위주로 운영"하는 곳이다. 하지만 시민들은 팽목항이 역사의 현장이기 때문에 그곳에 기록관이 있어야 한다고 주장하면서, 팽목항을 방문하는 관광객이나 여객선을 이용하는 사람들이 자연스럽게 참사를 기억할 수 있는 작은 기록관을 세우는 것이 왜 어려운지 납득하기 어려워한다. 애초에 세월호 참사로 큰 피해를 입었다고 생각하는 진도군과 합의점을 찾기가 어려운 일인지도 모른다.

그래도 유가족들과 시민들은 팽목항에서부터 서망항까지 연결되는 '노란색 길yellow road'을 만들 것을 제안하고 있다. 팽목항에서 그곳에서 있었던 일을 기억한 다음 노란색의 길을 따라서 국민 안전체험관에도 가고, 서망항까지 가보는 루트를 구상하는 것이다.

6년이 지난 2020년 4월에는 해경이 마련한 함정을 타고 침몰 현장에 갔다. 30분간 선상 추모식을 하던 중에 바람이 거세게 불었다. 누군가는 "우리 애들이 다녀갔나봐" 하고 말한다. 그곳에 있던 모두 그런 생각을 했을 것이다.

안산 기억교실과 인천 추모관, 붙잡아둔 시간

처음 안산은 도시 전체가 슬픔의 공동체였다. 같은 동네의 한 집 건너 아는 집 아이가 수학여행에서 돌아오지 못했다. 시민들은 같이 아파했다. 안산 합동분향소에 길게 늘어선 행렬. 한 시간 정도 기다려 분향소에 들어갔을 때 거대한 제단 위의 영정들 앞에서 누구도 무너지지 않을 도리가 없었다. 환하게 웃는 고등학생들, 저들이 모두 바다에 빠져 죽었다는 사실을 눈으로 확인하는 순간이었다. 참사의 실체는 그렇게 다가왔다.

정부 합동분향소가 있는 화랑유원지 주차장에는 유가족 대기실을 비롯해서 유가족들의 활동공간이 들어서기 시작했다. 엄마들이 모여서 뜨개질을 하자고 만든 엄마공방. 아이들을 잃은 같은 처지의 엄마들이 모여서 남들의 시선을 의식하지 않고 대화를 나누고 서로를 의지하는 동료상담 공간이 되었다. 아빠들은 목공방을 만들었다. 목공으로 필통이며 책상, 의자들을 만들기 시작하더니 장까지 짜낼 정도가 되었다. 그런 그들이 매년 '엄마랑 함께하장'이라는 문화장터를 열어서 수익금을 안산시의 가난한 이웃들을 위해서 내놓고 있다.

하지만 시민들과 유가족들의 시간은 다르게 흘렀다. 세월호를 지겹다고 생각하는 사람들이 늘어났고, 자신들의 이익만 챙긴다며 유가족들을 비난하는 사람들도 많아졌다. 시민들과 유가족들의 균열이 본격적으로 나타난 계기는 화랑유원지에 들어서기로 한 '생명안전공원'이었다. 정부는 추모공원을 화랑유원지 나대지에 건립해 세월호 참사 10주기인 2024년에 개관한다는 계획을 세웠다. 유가족들은 10여 개의 추모공원에 흩어져 있는 아이들을 한곳에 모으고 싶어했다. 국내외의 추모공원들을 돌아보면서 지금까지와는 다른 편안하고 친근한 공원, 그러면서도 떠난 자들을 기억하는 그런 공원을 만들 수 있다고 생각했다. 그래서 명칭도 생명과 안전의 가치를 느끼고 배우는 곳이 되어야 한다는 의미로 추모공원이 아니라 '생명안전공원'으로 부르자고 제안을 했다. 하지만 이런 생각은 '위험'한 것으로 받아들여졌다. 지금까지 우리 사회는 죽음을 열심히 밀어냈고, 덮어왔고, 잊어왔다. 아픈 죽음을 가까이 두는 일은 없었다. 그런데 세월호 참사 유가족들이 기어코 죽음을 상기시키려 하니 여러 이유로 반대하는 이들이 목소리를 냈다.

애초에 세월호 추모공원을 만든다고 했을 때 먼저 집값이 떨어진다고 반대했다. 그런데 인근 초지역에 KTX역까지 들어설 거라고 알려지니 그런 말은 쏙 들어갔다. 부동산 경기가 좋아질 것이 분명해서다. 그러자 이번에는 추모공원은 되지만 납골당(유가족들은 '봉

세월호 일반인 희생자들을 추모하는 공간인 인천 세월호추모관.

안당'으로 부른다)은 안 된다고, 시민들이 많이 이용하는 공원에 납골당이 웬 말이냐고 했다. 또한 유가족들이 '민노총' 등의 좌파들에게 휘둘리고 있다고 했다. 이런 주장을 하는 사람들은 주로 안산의 큰 교회들에 소속된 보수 기독교인들로 확인되었다. 보수정당들은 이를 선거 이슈로 삼아 유가족들을 공격했다. 당시 안산시장도 반대 여론을 이유로 결정을 뒤로 자꾸 미루었다. 하지만 중앙정부가 분명한 의지를 거듭 드러내자 2018년 초에 안산시도 화랑유원지 안에 건립을 추진하겠다고 밝혔다.

지금껏 재난참사는 쉽게 잊혔다. 사건의 현장은 금세 치워졌다. 희생된 이들을 추모하는 위령비도 가급적 사람들 눈에 띄지 않는 구석진 곳에 세워졌다. 이제는 그런 죽음을 밀어내는 것이 아니라 가까이 두면서 참사의 기억을 이어가야 한다는 사회적 합의를 생명안전공원을 통해 만들어가는 중이다.

안산에서는 추모공원을 만드는 문제가 이제 시작이지만 인천에는 세월호 일반인 희생자들을 추모하는 추모관이 2016년 9월에 이미 개관했다. 세월호 참사라고 하면 단원고 피해 학생들이 워낙 많아 일반인 탑승객들, 승무원들과 아르바이트하던 대학생들도 있었다는 사실은 종종 언급되지 않는다. 그만큼 일반인 희생자 유가족들은 소외감을 느낄 수밖에 없었다. 정치권에서는 단원고 희생자와 일반인 희생자 사이를 '갈라치기' 해서 이용하려 했다. 2014년 단원고 희생자 유가족들이 진상규명 특별법을 만들어가는 과정에서 야당 세력, 사회운동단체들과 연대하자 당시 집권여당이었던 새누리당(현재 미래통합당) 세력들은 일반인 희생자 유가족들을 앞세워 다른 목소리를 내게 했다. 그래서 한동안 세월호 유가족들 사이에 감정적인 골이 깊어갔다. 그렇지만 4·16재단이 설립되고 나서는 다시 하나로 합쳐지고 있다.

인천 세월호추모관은 인천가족공원의 왼쪽 산 밑 깊숙한 곳에 자리 잡고 있다. 건물 안으로 들어서면 왼쪽에 일반인 희생자 45명 중 41명의 유골을 봉안한 봉안당이 있다. 그 맞은편에는 제례를 올릴 수 있는 제단이 있다. 봉안당에 들어가기 전에 아래로 내려가면 그곳이 전시관이다. 전시관에서는 세월호 모형, 세월호 참사에 관한 영상, 세월호에서 건져낸 유물들을 볼 수 있다. 정부와 인천시의 도움으로 이곳 추모관이 운영되고 있지만, 세상에 너무 알려지지 않았다. 그래도 유가족들의 노력으로 2019년에는 2만 명이 넘는 사람들이 이곳을 다녀갔다고 한다.

안산에는 아직 추모공원이나 추모관은 없지만, 유가족들이 운영하는 기억저장소가 단원고 앞 고잔동에 있다. 빌라 한 곳을 빌려서 기억저장소와 기억전시관을 운영하고 있다. 참사 직후부터 기록물과 유품 들을 수집·복원·보관해왔다. 지금은 이런 작업들을 전문가들의 도움을 받아서 유가족들이 직접 진행한다.

단원고등학교에는 수학여행을 떠났던 2학년 교실 열 개와 교무실 한 곳이 참사 이후에 '기억교실'이라는 이름으로 남아 있었다. 그러나 2016년 2월 희생 학생들 동기들이 졸업하고 나서는 기억교실의 존치를 두고 논란이 거세게 일었다. 학교 운영위원회에서는 교실이 부족하므로 기억교실을 이전해야 한다고 주장했다. 재학생 부모들도 이전을 원했다. 반면 유가족들은 아이들이 다녔던 학교에 남아 있기를 바랐다. 끝내 교실을 이전하기로 결정 되었는데, 이후 경기도 교육청은 단원고 건너편 공원에 (가칭)4·16민주시민교육원을 설립해 기억교실을 복원하기로 했지만 주위 주민들의 반대 민원에 밀려서 무산되었다. 그러다가 2017년 12월 경기도 교육감이 안산교육지원청 자리에 기억교실을 복원하겠다고 발표하면서 논란은 마무리되었다. 참사 7주기인 2021년 4월에는 새 건물에서 다시 개관한다.

지금의 기억교실에는 학생들이 쓰던 교실과 선생님들이 쓰던 교무실을 그대로 옮겨왔다. 교실에 들어서면 "사랑해" "보고 싶

세월호 희생자 학생들이 다녔던 안산 단원고 2학년 교실을 복원한 기억교실.

복원된 기억교실 중 2학년 3반 교실 뒤편에 걸려 있는 달력. 사고 이후로 시간이 멈춰 있다.

어” 같은 낙서들이 빼곡하다. 수학여행 날 생일을 맞은 선생님의 생일 축하 카드를 뒤편 칠판에 붙여놓은 교실도 있다. 영영 돌아오지 않을 아이들에게 누군가 “얘들아! 너희들 다 지각이다. 언능 등교해라”라고 적어놓았다.

　3반 교실 뒤편 벽에는 농협에서 받아온 2014년 달력이 걸려 있다. 4월 1일은 동그라미와 함께 ‘만우절’이, 4월 15일부터 18일까지는 ‘수학여행’이 표시되어 있다. 선생님과 학생들은 세월호에서 생일잔치를 하기로 약속했다. 다음 달, 그다음 달에는 학사일정이 드문드문 적혀 있는데, 12월 달 마지막에는 검은 펜으로 여러 번 겹쳐 쓴 ‘진짜 고3’이라는 큰 글씨가 있다.

돌아오지 못한 학생들 자리에는 사진이며, 꽃들이 있고, 그곳을 방문하는 이들이 사연을 적는 공책이 있다. 책상 위에 아무것도 없는 자리는 생존 학생들의 것이다. 단원고 안에 이 교실이 있을 때 살아 돌아온 아이들이 이곳에 와서 머물렀다. 친구 자리에 앉아 엎드려 있거나 자기 자리에 멍하니 앉아 있는 학생들이 있었다. 엄마들도 자주 와서 앉아 있곤 했다.

이곳을 지키는 사람들은 단원고 희생자 학생의 엄마들이다. 이제는 전문가가 다 된 엄마들이 손님들을 맞는다. 엄마들은 악착같다. 어디서건 돈을 만들어와서 유품 보존 처리도 하고, 희생자 유가족들의 구술 작업을 책으로 묶어냈다. 마을 사람들과 만나서 그들의 이야기도 기록한다. 이 모든 일을 지휘하는 책임자인 기억저장소 소장은 도언이 엄마 이지성 씨다. "나중에 남는 건 기록이지 않겠어요. 우리 아이들을 기억하려면 기록을 남겨야죠." 그는 약해질까봐 울지 않는다고 했다.

사라져가는 시간을 붙잡아둔 기억교실에 들어가면 한 곳 한 곳 천천히 둘러봐야 한다. 그래야 그 교실의 주인공들을 만날 수 있다. 그러다보면 나오는 길에, 도대체 왜 이런 일이 이들에게 이렇게 벌어졌나 하는 생각으로 가슴이 짓눌려질 수도 있겠지만 말이다.

광장, 기억하기 위해 행동하는 시간

유가족들과 시민들의 '농성장'이 서울 광화문광장에 세워진 것은

세월호 참사 이후 세월호광장으로 불리며 연대의 공간이 된 광화문광장.

2014년 7월이었다. 이곳에 거점을 마련하고 끊임없이 진상규명을 요구하는 싸움을 벌여나갔다. 7월 12일 국회에서 시작된 단식농성 은 7월 14일 광화문광장 남단, 뜨거운 땡볕이 내리쬐던 그곳에서 유가족들의 단식농성으로 이어졌다. 그중 유민 아빠 김영오 씨는 그 곳에서 40일을 단식하다가 쓰러져 병원에 실려간 후에도 6일을 더 단식했다. 길거리 농성에 이골이 날 정도가 되었을 때야 특별법은 통과되었다. 그게 그해 11월 7일이었다. 그러고서야 광화문을 제외 하고 천막을 걷을 수 있었다. 서울시청 앞 서울광장도 초기에 중요 한 역할을 했다. 시민단체들이 그곳에 추모의 벽을 설치하자 서울시가 이어서 분향소를 만들어 추모공간을 유지했다. 그곳에는 세월호 참사의 희생자들을 추모하는 시민들의 발길이 끊이지 않았다.

그러나 광장은 저절로 확보되지 않는다. 관제 궐기대회를 위해서나 광장을 내주었던 게 독재 정권들이었다. 과거 4·19 때는 경무대(지금의 청와대)를 향해서 중고등학생과 시민 들이 행진해가다가 경찰의 발포로 사망했다. 1987년 6월항쟁 때는 경찰이 엄청난 최루탄을 쏴대며 시청으로 향하는 군중을 막았다. 그럼에도 이한열 열사가 죽어 장례를 치를 때 100만 명이 운집했던 곳은 시청광장이었다.

이명박 정권이 들어선 다음 2008년 5월부터 100일 동안 광우병 위험 미국산 쇠고기 수입에 반대하는 집회와 시위가 청계광장, 서울광장 등에서 이어졌다. 시위에 참가한 군중의 최종 목적지는 청와대였다. 청와대에 한 발이라도 더 다가가서 정권을 압박하려고 했다. 하지만 그 길은 광화문광장 남단에 경찰이 쌓은 이른바 '명박산성'으로 차단되었다.

박근혜 정권에 들어와서도 마찬가지였다. 세월호 참사 1주기에 유가족과 4·16연대를 비롯한 사회운동 세력은 청와대로 가기 위해서 경찰과 싸워야 했다. 2015년 4월 11일, 4월 16일, 계속 청와대로 진출을 시도했지만 경찰의 6중 버스 차단막에 가로막혔다. 가장 큰 싸움은 4월 18일에 있었다. 유가족들은 그날 미리 경복궁 광화문 앞에 가 있었다. 광화문 북단과 경복궁 앞을 지나는 율곡로에는 도로 양쪽으로 경찰 버스들이 차벽을 만들어놓고는, 대회 시간이 가까워지자 유가족들을 강제 해산하려고 했다. 시청광장에서 대회를 마친 시민들은 어렵게 광화문광장으로 진출했고, 이어서 광화문광장 북단 차벽으로 몰려갔다. 시민들이 경찰 버스를 끌어내었고, 경찰은 최루액을 유가족들과 시민들에게 직접 분사하고 물대포를 쏘아댔다. 해가 진 다음에야 유가족들과 시민들은 광화문광장 북단에서 합류할 수 있었지만, 청와대 쪽으로 더는 갈 수 없었다.

2015년 11월 14일, 민중총궐기 투쟁이 있었다. 역시 광화문 앞 도로에 경찰 차벽이 설치되었고, 물대포가 시위 군중을 정조준하고 직사해댔다. 시위대는 경찰 차벽을 밧줄을 걸어 끌어내려 했지만 역부족이었다. 그날 농민 백남기는 경찰버스를 당기려 경찰차벽에 접근했다가 직사 물대포를 맞고 병원에 실려갔고, 결국 그다음 해 9월 25일에 사망했다. 그때까지 시위는 광화문광장을 넘을 수 없었다. 권력은 경찰력을 동원해서 어떻게든 청와대로 향하는 시민들의 분노를 차단하고자 몸부림을 쳤다.

유가족들은 2016년 12월 3일에야 시민들과 함께 청와대 앞 100미터 지점까지 갈 수 있었다. 청와대 앞 100미터. 이것은 인권 운동사에서 역사적인 지점을 확보한 것을 의미한다. 수없이 시도했던 일들이 그제야 가능해졌던 건 광화문광장에서부터 이어져온 촛불항쟁의 열기가 있었기 때문이다. 백남기의 죽음 뒤에 박근혜 정권의 국정농단 실태가 폭로되자 분노한 시민들이 2016년 10월말부터 다시 광장에 모여 촛불 바다를 만들어냈던 것이다.

그 촛불항쟁의 한가운데에는 세월호가 있었다. 세월호 참사가 일어난 뒤 극한 슬픔과 절망감에 휩싸인 시민들은 전국의 거리에 나와서 한 사람이라도 살아서 돌아오기를 간절한 마음으로 기원했다. 그런 흐름 뒤에 이전 정부에서는 확보하기 힘들던 광화문광장에 거점이 만들어졌다. 그러자 광장이 정치적 중심부가 된 것이다. 박근혜 정부의 실정에 분노한 이들은 그곳에 기자회견도 열고, 집회와 시위도 만들어갔다. 그 힘으로 박근혜 탄핵까지 갔다.

그렇게 광장에서 공감의 정치가 시작되었다. 광장을 봉쇄해온 거대한 세력 앞에서 촛불 하나 들고 광장을 만들어갔던 그 시작점에는 권력의 온갖 탄압 속에도 국회와 광화문, 청운동에서 동시에 노숙 농성을 진행했던 세월호 참사 유가족들이 있었음을 나는 기억한다.

정치는 광장에서 시작되고 국회에서 결론이 나고는 했다. 정치는 시민들이 먼저 움직이고 요구하지 않으면 스스로 움직인 적이 없었다. 광장에 모인 시민들의 인권과 민주주의를 향한 행진이 전국 각지 사람들에게 퍼져나가면서 역사의 물줄기를 바꾼 촛불항쟁까지 이루어냈다.

그러나 광장은 혐오의 공간이기도 했다. 세월호 유가족들의 단식농성이 이어질 때 반대 세력들이 나서서 '폭식투쟁'이라는 것을 했던 곳도, 보수단체들이 몰려와서 유가족들에게 '시체 팔아서 돈 더 받아내려고 떼쓴다'며 혐오와 멸시의 말들을 퍼부어댔던 곳도, 우리가 함께하며 희망에 부풀었던 바로 그 광장이었다.

그럼에도 나는 광장의 힘을 믿는다. 광장에서 손에 손을 잡고 외쳤던 그 겨울 촛불의 물결을 기억한다. 그 촛불이 바다 속에서 침몰한 세월호를 인양해 올렸고, 다시 진상규명을 위한 조사기구를 출범하게 했다. 아직 목표에 다다르지는 못했어도 조금씩 앞으로 나아가고 있음도 안다. 우리가 그 겨울 촛불을 들고 함께 불렀던 노래

〈진실은 침몰하지 않는다〉처럼 우리가 포기하지 않으면 진실은 곧 실체를 드러낼 것이다. 광장에서 같이 외쳤던 "끝까지 잊지 않겠다"는 약속, "이제는 달라져야 한다"는 다짐은 거짓이 아니었다.

세월호 참사 이후 세상은 조금씩 달라지고 있다. 경쟁과 효율, 승자독식의 세계로 빨려들던 시민들은 세상이 얼마나 야만적인지를 보았다. 국가는 더 이상 국민의 안전을 보장하지 않는다는 것, 오로지 시민들의 연대로만 정치도 바꾸고 세상을 바꿔서 생명을 구할 수 있다는 걸 알게 되었다. 깊은 슬픔과 분노 속에서 매일 죽어가는 노동자들의 현실에 눈을 떴고, 우리 사회에 만연한 안전사고들을 자신의 문제로 인식하기 시작했다. 깊은 절망에 빠져 울기만 했던 유가족들은 자신들의 주장을 시민 앞에서 호소력 있게 전달할 수 있게 되었고, 그 주장을 실현하기 위해서는 시민들과 연대해야 한다는 점도 깨달았다. 시민들도 세월호 싸움을 하면서 적극적으로 변해갔다. 정치에 관심을 갖기 시작했고, 정치인들의 거짓말을 분별할 줄 알게 되었고, 세월호 참사의 진상규명과 책임자 처벌을 우리 모두의 일로 받아들였다.

세월호 참사 이후 다들 제자리로 돌아가 일상을 살고 있지만, 6년 동안 광장에서 함께했던 연대의 기억은 사라지지 않는다. 시민들이 다시 광장에 촛불을 들고 나오는 날, 세상은 그만큼 달라져 있을 것이라 믿는다. 그런 믿음을 갖고 지치지 않고, 조급해하지도 않고, 그 끝을 같이 만들어가고 싶다. 광장은 언제고 열린다. 광장이 열리는 날, 세상은 또 한 걸음 나아갈 것을 믿는다. 역사는 광장에서 새로운 길로 나아간다.

후기

이 책에 담긴 인권의 현장에서 공통적으로 발견한 것은 국가가 개인들에게 저지른 폭력과 범죄의 흔적이다. 가해자가 사회 제도와 구조를 동원할 수 있는 무소불위의 국가 권력이기에 폭력과 범죄는 대규모였고, 더 집요하고 잔인했으며, 장기간 지속되었다. 그럼에도 쉽게 정당화되고 은폐되었다.

어찌 보면 우리나라의 현대사는 국가 권력의 수많은 인권유린과 그에 대한 저항으로 이루어진 것 같다. 일제 이전의 시기는 따지지 않더라도 해방 이후 대한민국이 성립되기 전부터 이 땅에는 너무도 억울한 죽음들이 쌓이고 쌓여 퇴적층을 이루었다. 그 억울한 죽음들을 끌어안고 지금까지 제대로 마음 놓고 울어보지도 못한 사람들이 기회가 있을 때마다 목소리를 내고 몸부림을 쳐왔기 때문에 인권의 현실은 조금씩 개선되어왔다.

역사는 승자의 기록이라는 말이 있다. 일부는 맞는 말일 수 있다. 그렇지만 훨씬 더 장기적인 관점에서 보면 역사적 사실들에 의문을 품는 사람이 있는 한 그 역사는 반드시 바뀌게 되어 있다. 피해자가 목소리를 내고 권력이 도전받을 때 역사는 다시 쓰인다. 우리는 지금 범죄가 정당화된 권력의 역사를 지우고, 더디더라도 인권의 역사를 새로 써가는 과정에 있다고 믿는다.

과거의 국가폭력-국가범죄가 가능했던 건 그 시대 다수의 사람들이 침묵했기 때문이다. 우리도 모르는 사이에 암묵적 공범자들이 되지 않으려면, 우리 사회의 피해자들이 자신이 겪은 일들을 어떤 두려움도 없이 말할 수 있게 해야 한다. 우리는 그들의 말을 훨씬 더 많이 경청해야 한다. 이 책을 쓰면서 그런 생각이 더 깊어졌다. 인권의 역사가 한 걸음 더 나아가게 하려면 지금 당장 우리가 해야 할 일은 국가폭력-국가범죄에 고통당하는 피해자 또는 생존자에게 먼저 다가가 그들 곁에 겸허하게 서는 것이 아닐까.

앞으로 인권기행의 두번째 책을 쓸 생각이다. 이 책에 넣으려고 했다가 이런저런 사정으로 담지 못한 부분도 있다. 동학혁명 유적, 남북 분단 현장, 민간인 학살터, 전태일 열사의 청계천 등이다. 준비가 부족했던 부분도 있고, 정세가 달라진 탓도 있다. 이에 더해, 종교 순교지, 형평사 운동, 형제복지원, 미군 기지 주변을 둘러보며 양심의 자유와 소수자 문제, 미군과 사회복지시설의 폐해, 그리고 여성 문제까지 아울러보려고 한다. 여기에 두번째 책의 주요 소재를 밝혀두고 독자분들 앞에서 다짐을 하는 것은 그래야만 바쁘다는 핑계로 뒤로 미루지 않을 것 같기 때문이다.

다음 책에서 독자 여러분을 다시 만날 때까지, '기억할 것'들 앞에서 물러서지 않는 우리가 되길, 그래서 우리 사회의 인권 지평이 더 넓어져 있길, 그러는 데 이 책이 조금이라도 도움이 되길 바란다.

참고문헌

제주 4·3 현장

박원순,『국가보안법 연구 Ⅰ, Ⅱ, Ⅲ』, 역사비평사, 1994.

볼프강 벤츠, 최용찬 옮김,『홀로코스트』, 지식의 풍경, 2002.

서중석,『지배자의 국가, 민중의 나라』, 돌베개, 2010.

이재승,『국가범죄』, 앨피, 2010.

임지현,『기억 전쟁』, 휴머니스트, 2019.

정인섭 엮음,『국제인권조약집』, 사람생각, 2000.

제민일보4·3취재반,『4·3은 말한다 1~5』, 전예원, 1998.

제주4·3사건 진상규명 및 희생자 명예회복위원회,『제주4·3사건
　　　　진상조사보고서』, 2003.

제주4·3 70주년 기념 특별전 자료집,『제주4·3 이젠 우리의 역사』,
　　　　대한민국역사박물관, 제주4·3 70주년 기념사업위원회, 2018.

제주4·3 70주년 기념사업위원회,『4·3이 뭐우꽈?』, 2018.

제주4·3연구소,『4·3과 역사』 통권 제18호, 2018년.

제주4·3평화재단,『제주4·3사건 추가진상조사보고서 Ⅰ』, 2020.

주강현,『제주기행』, 웅진지식하우스, 2011.

최호근,『기념의 미래』, 고려대학교출판문화원, 2019.

필립 샌즈, 정철승·황문주 옮김,『인간의 정의는 어떻게 탄생했는가』, 더봄,
　　　　2019.

허버트 허시, 강성현 옮김,『제노사이드와 기억의 정치』, 책세상, 2009.

허영선, 『제주 4·3을 묻는 너에게』, 서해문집, 2014.

현기영, 『마지막 테우리』, 창비, 2015.

현기영, 『순이 삼촌』, 창비, 2015.

현기영, 『지상에 숟가락 하나』, 실천문학사, 1999.

전쟁기념관

2019 연속 기획강좌 자료집, 『왜 지금 한국전쟁을 이야기 하는가?』, 열린군대를
　　　위한 시민연대, 2019.

김동춘, 『이것은 기억과의 전쟁이다』, 사계절, 2013.

김동춘, 『전쟁과 사회』, 돌베개, 2006.

김동춘, 『전쟁정치』, 길, 2013.

김성보 외, 『한국현대 생활문화사: 1950년대』, 창비, 2016.

박태균, 『한국전쟁』, 책과함께, 2005.

브루스 커밍스, 조행복 옮김, 『브루스 커밍스의 한국전쟁』, 현실문화, 2017.

세르주 브룅베르제 엮음, 정진국 옮김, 『한국전쟁통신』, 눈빛, 2012.

역사문제연구소·포츠담현대사연구센터 공동기획, 『한국전쟁에 대한 11가지
　　　시선』, 역사비평사, 2010.

용산 전쟁기념관 한국전쟁 전시의 문제점과 대안 제1차 토론회 자료집,
　　　『전쟁기념관은 한국전쟁을 어떻게 기억하는가?』, 열린군대를 위한
　　　시민연대, 2019.

용산 전쟁기념관 한국전쟁 전시의 문제점과 대안 제2차 토론회 자료집,
　　　『전쟁기념관은 무엇을 말하지 않는가?』 열린군대를 위한 시민연대,
　　　2019.

용산 전쟁기념관 한국전쟁 전시의 문제점과 대안 제3차 토론회 자료집,
　　　『한국전쟁의 기억에서 여성의 자리를 다시 묻다』, 열린군대를 위한
　　　시민연대, 2019.

이임하, 『적을 삐라로 묻어라』, 철수와영희, 2012.

이임하, 『10대와 통하는 한국전쟁 이야기』, 철수와영희, 2013.

정근식·강성현, 『한국전쟁 사진의 역사사회학』, 서울대학교출판문화원, 2016.

정기용, 『서울 이야기』, 현실문화, 2008.

정호기 엮음, 『전쟁 기억과 기념의 문화정치』, 진인진, 2016.

최호근, 『기념의 미래』, 고려대학교출판문화원, 2019.

한성훈, 『가면권력』, 후마니타스, 2014.

한성훈, 『학살, 그 이후의 삶과 정치』, 산처럼, 2018.

홍석률, 『민주주의 잔혹사』, 창비, 2017.

소록도

국가인권위원회 연구용역보고서, 『한센인 인권실태조사』, 국가인권위원회,
    2005.

김영희 외, 『소록도의 구술 기억 Ⅰ, Ⅱ, Ⅲ』, 국립소록도병원, 2019.

대한민국 인권 근현대사 발간위원회, 『대한민국 인권 근현대사 3』,
    국가인권위원회, 2019.

이청준, 『당신들의 천국』, 문학과지성사, 2012.

광주 5·18 현장 (1)

5·18민중항쟁 30주년 기념 국제학술대회 발표논문집, 『5·18 30년, 새로운
    민주주의의 모색』, 5·18기념재단, 2010.

김상윤·정현애·김상집, 『녹두서점의 오월』, 한겨레출판, 2019.

김정인 외, 5·18기념재단 기획, 『너와 나의 5·18』, 오월의봄, 2019.

김정한, 『1980 대중 봉기의 민주주의』, 소명출판, 2013.

김철원, 『그들의 광주』, 한울, 2017.

이재승, 『국가범죄』, 앨피, 2010.

임지현, 『기억전쟁』, 휴머니스트, 2019.

최정운, 『오월의 사회과학』, 오월의봄, 2012.

최호근, 『기념의 미래』, 고려대학교출판문화원, 2019.

황석영·이재의·전영호, 『죽음을 넘어 시대의 어둠을 넘어』, 창비, 2017.

광주 5·18 현장 (2)

광주여성희망포럼 외 엮음, 『광주여성의 삶과 5·18』, 심미안, 2010

김상윤·정현애·김상집 외, 『녹두서점의 오월』, 한겨레출판, 2019.

김정인 외, 5·18기념재단 기획, 『너와 나의 5·18』, 오월의봄, 2019.

들불열사기념사업회, 『들불의 역사』, 이바지, 2002.

이정우·광주전남여성단체엽합 기획, 『광주, 여성』, 후마니타스, 2012.

남산 안기부 터와 남영동 대공분실

김명식, 『건축은 어떻게 아픔을 기억하는가』, 뜨인돌, 2017.

김정희, 『1987 이한열』, 사회평론, 2017 .

김학민, 『만들어진 간첩』, 서해문집, 2017.

김효순, 『조국이 버린 사람들』, 서해문집, 2015.

민주화실천가족운동협의회 엮음, 『나의 손발을 묶는다 해도』, 거름, 1987.

박원순, 『야만시대의 기록 1, 2, 3』, 역사비평사, 2006.

서울역사박물관, 『남산의 힘』, 서울책방, 2015.

신성호, 『특종 1987』, 중앙북스, 2017.

이동기, 「'민주인권기념관' 건립 구상: 10개 테제」, 『기억과 전망』 2019년
　　　여름호(통권 40호), 민주화운동기념사업회 한국민주주의연구소, 2019.

이민우, 『조작간첩 함주명의 나는 고발한다』, 길, 2014.

정인섭 엮음, 『국제인권조약집』, 사람생각, 2000.

조한, 『서울, 공간의 기억 기억의 공간』, 돌베개, 2013.

최호근, 『기념의 미래』, 고려대학교출판문화원, 2019.

홍석률, 『민주주의 잔혹사』, 창비, 2017.

홍성태, 『사회로 읽는 건축』, 진인진, 2012.

서대문형무소역사관

국가인권위원회, 『국제피구금자처우준칙』, 2007.

김구, 『백범일지』, 돌베개, 1997.

김명식, 『건축은 어떻게 아픔을 기억하는가』, 뜨인돌, 2017

김정인, 『오늘과 마주한 3·1운동』, 책과함께, 2019.

김형태, 『지상에서 가장 짧은 영원한 만남』, 한겨레출판, 2013.

미셸 푸코, 오생근 옮김, 『감시와 처벌』, 나남출판, 2003.

박건웅, 『그해 봄』, 보리, 2018.

박건웅, 『짐승의 시간』, 보리, 2014.

박경목, 『서대문형무소』, 일빛, 2019.

서중석, 『사진과 그림으로 보는 한국현대사』, 웅진지식하우스, 2013.

역사학연구소, 『함께 보는 근현대사』, 서해문집, 2004.

이창언, 『박정희 시대 학생운동, 한신대학교 출판부, 2014.

정인섭 엮음, 『국제인권조약집』, 사람생각, 2000.

천주교인권위원회 엮음, 『수용자를 위한 감옥법령집』, 경계, 2013.

마석 모란공원

공선옥 외, 『민중을 기록하라』, 실천문학사, 2015.

김원, 『잊혀진 것들에 대한 기억』, 이매진, 2011.

마나베 유코, 김경남 옮김, 『열사의 탄생』, 민속원, 2015.

민족민주열사·희생자 추모(기념)단체 연대회의 외, 『끝내 살리라: 민족민주열사
    희생자 자료집 증보판』, 2005.

민주화운동기념사업회 외, 『마석 민족민주열사 묘역안내』, 2009.

임미리, 『열사, 분노와 슬픔의 정치학』, 오월의봄, 2017.

조영래, 『전태일 평전』, 돌베개, 2001.

세월호 참사 현장

4·16연대, 『세월호 참사 인권으로 말하다』, 2015.

4·16연대, 『4·16 세월호 참사 1년을 말하다』, 2015.

4·16재단, 『재난사회(Risk-Society). 피해자 권리를 묻다』, 4·16재단, 2019.

416가족협의회·416기억저장소 엮음, 『그리운 너에게』, 후마니타스, 2018.

416세월호참사 국민조사위원회, 『세월호참사 팩트체크』, 북콤마, 2017.

416세월호참사 작가기록단, 『그날이 우리의 창을 두드렸다』, 창비, 2019.

416세월호참사 작가기록단,『금요일엔 돌아오렴』, 창비, 2015.

416세월호참사 작가기록단,『다시 봄이 올 거예요』, 창비, 2016.

416세월호참사 작가기록단,『재난을 묻다』, 서해문집, 2017.

416합창단,『노래를 불러서 네가 온다면』, 문학동네, 2020.

강수돌 외,『침몰한 세월호, 난파하는 대한민국』, 한울, 2017.

경향신문 창간 70주년 특별기획팀,『대한민국은 민주공화국인가』, 책세상, 2017.

고동현 외, 서울대학교 사회발전연구소 기획,『세월호가 우리에게 묻다』, 한울, 2015.

곽수인 외,『엄마, 나야』, 난다, 2015.

김교빈 외, 한국철학사상연구회 기획,『망각과 기억의 변증법』, 이파르, 2015.

김명식,『건축은 어떻게 아픔을 기억하는가』, 뜨인돌, 2017.

김봉규 외,『그날 당신은 어디에 있었는가』, 루페, 2017.

김애란 외,『눈먼 자들의 국가』, 문학동네, 2014.

김정인,「한국 민주주의 기원의 재구성」,『기억과 전망』2018년 겨울호(통권 39호), 민주화운동기념사업회 한국민주주의연구소, 2018.

김종구,『세월호라는 기표』, 교육공동체벗, 2019.

노다 마사아키, 서혜영 옮김,『떠나보내는 길 위에서』, 펜타그램, 2015.

노란리본인권모임,『잊지 않고 싶은 당신에게』, 인권운동사랑방, 2019.

노란리본인권모임,『피해자의 권리』, 인권운동사랑방, 2019.

노명우 외, 인문학협동조합 기획,『팽목항에서 불어오는 바람』, 현실문화, 2015.

리베카 솔닛, 정해영 옮김,『이 폐허를 응시하라』, 펜타그램, 2012.

메모리(人)서울프로젝트 기억수집가, 서울문화재단 기획,『1995년 서울, 삼풍』, 동아시아, 2016.

민주사회를 위한 변호사모임,『416 세월호 민변의 기록』, 생각의길, 2014.

박상은,『대형사고는 어떻게 반복되는가』, 사회운동, 2014.

방현석,『세월』, 아시아, 2017.

백상현,『속지 않는 자들이 방황한다』, 위고, 2017.

서강대학교 현대정치연구소,『현대정치연구』2017년 여름호, 2017.

서복경 외, 『탄핵 광장의 안과 밖』, 한솔수북, 2017.

세월호 선체조사위원회, 『眞立_진실을 세우다: 세월호 선체조사위원회 활동
　　　백서』, 2018.

세월호참사 조사관 모임, 『외면하고 회피했다』, 북콤마, 2017.

손호철, 『촛불혁명과 2017년 체제』, 서강대학교출판부, 2017.

안전 사회를 위한 세월호 참사 5주기 추념전, 『바다는 가라앉지 않는다』,
　　　4·16재단, 2019.

오준호, 『세월호를 기록하다』, 미지북스, 2015.

울리히 벡, 홍성태 옮김, 『위험사회』, 새물결, 2006.

유인애, 『너에게 그리움을 보낸다』, 굿플러스북, 2017.

이경태 외, 『세월호 마지막 네 가족』, 북콤마, 2018.

이병천 외, 『세월호가 남긴 절망과 희망』, 한울, 2016.

이재성 외, 『다시, 민주주의』, 한겨레출판, 2017.

이충진, 『가만히 있는 자들의 비극』, 컵앤캡, 2016.

이충진, 『세월호는 우리에게 무엇인가』, 이학사, 2015.

임지현, 『기억전쟁』, 휴머니스트, 2019.

조한, 『서울, 공간의 기억 기억의 공간』, 돌베개, 2013.

존 C. 머리, 장상미 옮김, 『재난 불평등』, 동녘, 2016.

진실의 힘 세월호 기록팀, 『세월호, 그날의 기록』, 진실의힘, 2016.

찰스 페로, 김태훈 옮김, 『무엇이 재앙을 만드는가?』, 알에이치코리아, 2013.

『우리에겐 기억할 것이 있다』
독자 북펀드에 참여해주신 분들 (가나다순)

강경배	권혁진	김선미	김한나	박은경	송현민
강경화	금미향	김선정	김홍기	박인숙	시윤정
강문순	김경민	김성한	김효성	박정윤	신경남
강미진	김광이	김소연	김효정	박주종	신미영
강영숙	김나연	김슬기	김희정	박주환	신승대
강은주	김나윤	김슬기(2)	나희덕	박치현	신용영
강은혜	김대호	김여진	남태식	배병일	신채원
강천웅	김동학	김영찬	남현진	배정우	신현정
고명주	김동한	김영희	명현정	배정화	심산하
고진	김매자	김예빈	문경란	배현숙	심재수
공군자	김명숙	김예서	문성호	백가윤	안미진
공미복	김미영	김오선	문아영	백승우	안미혜
구경숙	김미정	김윤경	문현아	백승준	안선희
구국현	김민서	김윤성	박고운나	변정아	안성희
구나영	김민성	김은재	박동주	서정애	안욱현
구여욱	김민영	김이석	박민	서준형	안진우
구영모	김민영(2)	김재광	박상규	서혜진	안창영
구영옥	김민영(3)	김재원	박상언	석상열	양성욱
구현지	김민정	김정숙	박새별	선은정	양승태
권기덕	김빛나리	김종서	박성현	손승희	양여옥
권성은	김상미	김지혜	박소현	손영지	엄은희
권태준	김서원	김하나	박영대	송나현	여혜숙

염규홍	이덕우	이은희	임현택	조은형	허세희
오세윤	이도환	이인섭	장명준	조진석	허수영
오원주	이미림	이재광	장은석	조창익	허지수
오이석	이미영	이정	전광희	주윤아	허지현
오춘상	이미원	이정은	전대진	지형종	허진균
오현주	이미혜	이정은(2)	전영민	진용주	홍혜민
우승오	이병재	이정인	정남두	차선주	황용연
위가현	이보람	이정화	정대준	차재욱	황윤신
위현진	이선아	이종원	정미라	차지애	황윤정
유경촌	이선아(2)	이종현	정미정	최안	황재현
유영희	이설희	이주연	정성훈	최영은	황정인
유해정	이성연	이주홍	정수경	최예선	황현정
유후남	이성인	이지연	정순우	최은혜	황호경
유희수	이성택	이창희	정신애	최정아	외 124명
윤달수	이소영	이태환	정연희	최정안	
윤대호	이수경	이현주	정재정	최정인	총 339명
윤선호	이슬비	이홍주	정찬회	최혁준	참여
윤소담	이신희	이희진	정태영	최현주	
윤수인	이연실	임경지	정혜림	최혜정	
이가영	이연지	임귀숙	조경애	추무진	
이경숙	이영문	임기수	조경애(2)	하고운	
이경언	이영우	임수경	조민경	한경훈	
이경직	이용선	임순택	조민주	한동수	
이광욱	이우창	임제이	조보경	한미현	
이금영	이유정	임지윤	조완	한유미	
이기선	이은경	임현주	조윤숙	허성호	